新聞記者・桐生悠々忖度ニッポンを「嗤《わら》う」

黒崎正己

現代書館

新聞記者・桐生悠々　忖度ニッポンを「嗤《わら》う」　目次

【編集部注】

・本書記述の中では、文意を損ねない範囲で引用の一部を割愛、旧字体を常用漢字、歴史的仮名遣いを現代仮名遣いに変更している部分があります。

・取材にご協力くださった方々の肩書き、年齢は取材当時のものです。

・写真のキャプションは、故人の敬称は略しました。

新聞記者・桐生悠々　忖度ニッポンを「嗤《わら》う」

プロローグ――桐生悠々を描かねばならなかった理由

二〇一七年（平成二十九）八月三十日午前九時、石川県輪島市である訓練が行われた。訓練の名称は「弾道ミサイルを想定した住民避難訓練」。安倍政権の肝いりで、同年三月の秋田県男鹿市を皮切りに日本海側の自治体を中心に全国で実施されていた。

訓練は「X国から弾道ミサイルが発射され、我が国に飛来する可能性があると判明」という想定で、防災行政無線を使った住民への情報伝達訓練や住民の屋内避難訓練が行われた。「X国」とぼかしてはいるが、首相本人が「国難」とまで非難していた北朝鮮のミサイルを指しているのは明らかだった。

私が所属する北陸朝日放送（本社金沢市）も記者とカメラマンの三班を張りつけて訓練を取材し、当日午前と夕方のローカルニュースで放送した。以下、やや長くなるが夕方のニュース原稿を紹介したい。

北朝鮮によるミサイルの発射が続く中、石川県内では初となる住民を対象にした避難訓練が輪島市で実施されました。国の肝いりで始まった訓練ですが、冷ややかな目で捉えている人もいます。今日の動きと、見えてきた課題をまとめました。

訓練は輪島市河井地区で実施され、住民や関係機関などからおよそ三八〇人が参加しました。ミサイルが発射され、県内に落下する恐れがあるという想定です。午前九時すぎに国からの情報を受け、ミサイルの発射を知らせる防災行政無線が鳴ると、市の文化会館には一斉に住民が避難しました。

「やはり昨日の今日ですから、緊張感があった」（参加した男性）

「防空壕に入った昔を思い出した」（参加した女性）

また、河井小学校では子どもたちを対象に訓練が行われ、窓から離れた廊下側に机を移動させた後、下に隠れて安全を確保しました。

「ミサイルと飛翔体には非常に不安があるが、そういうことが起きてはならないと考え、いざという時の準備はしておかなくてはならないと考えています」（河井小学校　橋田宏幸校長）

北朝鮮は昨日も日本の上空を通過するミサイルを発射し、国際社会との緊張が続いています。訓練には海外からもメディアが訪れ、注目度の高さをうかがわせました。

一方、石川県も国から自治体に対してミサイル発射などの緊急情報を伝える「エムネット」

というシステムを試し、情報伝達に問題がないか確認しました。
「昨日ミサイルが実際に発射されていますので、緊迫感を持って、緊張感を持って訓練できたと思います」（石川県危機対策課　菊田公治参事）
ミサイルの発射を想定した訓練は石川県内では初めてです。そもそも、こうした訓練が始まったきっかけは何だったのでしょうか。
「避難訓練の実施を検討している。今後調整を進めてできるだけ早い時期に訓練をしたいと思っています」（菅義偉《すがよしひで》官房長官　二〇一六年十二月会見）
去年の段階で訓練の実施に意欲を見せていた菅官房長官。その後、今年三月の秋田県男鹿市を皮切りに日本海側の自治体を中心に訓練を実施してきました。いわば、国の肝いりで始まった訓練です。しかし、専門家の中には冷ややかな目で捉えている人もいます。
「私から見ると変な怖がり方をしすぎ。ミサイルが飛び終わった後に電車を止めたりして、明らかにオーバーリアクションですよ」（金沢工業大学虎ノ門大学院　伊藤俊幸教授）
三十年以上、海上自衛隊に勤務し、海将も務めた金沢工業大学虎ノ門大学院の伊藤俊幸教授。北朝鮮は即座に戦争をする有事の状態にはなく、日本を標的にミサイルを発射する可能性は低いと言います。
「誰も戦争する状態ではないのに、まるで今にも日本に撃たれる、撃たれると言うのは、私

は明らかに間違いだと思います」（伊藤教授）

また石川県平和運動センターは、住民の不安を煽り、敵意を植えつけるだけだとして、石川県に対し訓練の中止を申し入れました。

「敵がいるから殺しに来るんだなと、これに対して僕らも武器を持たないといかんな、みたいなところへ行く可能性がある。教育上とても良くないと思います」（石川県平和運動センター中村照夫事務局長）

賛否が割れる中で実施された今回の訓練。実際の運用で課題はなかったのでしょうか。

「今回の訓練の中で概ねその目的を達することができた」（梶文秋輪島市長）

「皆さんは実際に防災無線から流れる放送を聞いてですね、迅速な避難行動が取れた、とても良い訓練だったと思います」（山本次作石川県危機管理監）

主催者はそろって訓練の意義を強調しました。しかし……。

「今日の訓練の中でも一部の住民からは防災行政無線が聞き取りづらいという声が聞かれました。北朝鮮のミサイル発射実験が相次ぐ中、緊急的な情報をいかに迅速に伝えるかが課題となっています」（中島佳昭記者）

「音がね、二回鳴ったけど、分からなかった」（輪島市内の女性）

また、輪島市民からは訓練自体への疑問の声も漏れました。

「避難する場所もないし、地下鉄もないし、何にもないし。どこに避難すればいいのかなと思うね」（輪島市内の女性）

「いざという時に頑丈な建物に避難したって、あんなミサイル落ちてきたらどこ逃げてもだめなんじゃないかなと思いますけど」（輪島市内の男性）

石川県によると、ミサイル発射から日本に着弾するまでは十分以内ということで、一口に避難と言っても、短い時間で頑丈な建物まで移動できるか、疑問視する声もあります。

「大きな動きはできないと思いますね。そうしますと基本的には鉄筋コンクリートによる建物ですね、そういった所に身を隠すということだと思います」（金沢工大　伊藤俊幸教授）

ミサイル発射という挑発を続ける北朝鮮。私たちはそれに対してどう向き合うべきか。冷静な対応が求められています。（ＨＡＢスーパーＪチャンネル　二〇一七年八月三十日放送）

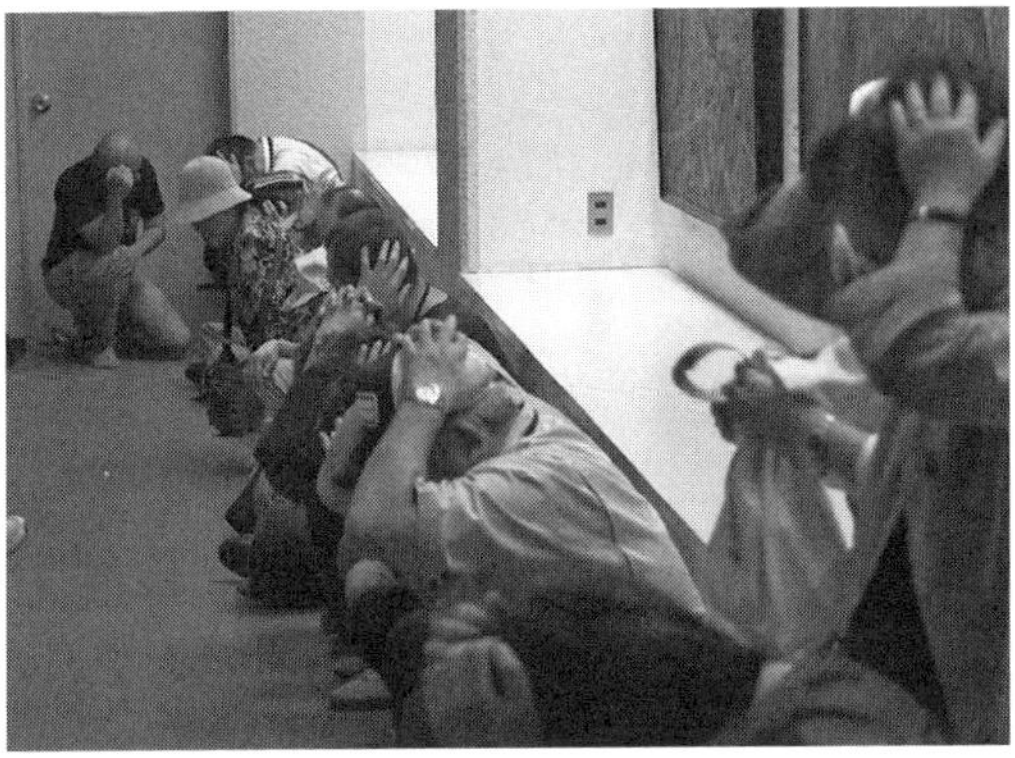

輪島市で実施されたミサイル避難訓練
（2017 年 8 月 30 日　撮影：北陸朝日放送）

訓練の内容を報じ、参加した住民や自治体関係者の声を拾い、訓練反対派と元自衛隊幹部の指摘を交えるなど、訓練を多面的に伝えてはいた。しかし、避難訓練自体の実効性を問うものではなかった。

内閣官房の「国民保護ポータルサイト」には「弾道ミサイルは発射からわずか十分もしないうちに到達する可能性もあります」と記載されている。しかも、各紙の報道によれば、全国瞬時警報システム「Jアラート」が発動するのは発射からおよそ六分後だという。残された四分間で防災無線を聞いた住民が文化会館に集まり、窓から離れた廊下にしゃがみ、頭を抱えて着弾に備えることなど果たしてできるものか。「国民保護ポータルサイト」は、建物がない場合は「物陰に身を隠すか、地面に伏せ頭部を守る」よう指示しているが、相手は弾道ミサイルである。実効性がまったく感じられなかった。

あの日、私たちがまず伝えるべきだったのは、こんな訓練に意味はあるのかという素朴な問いかけだったのではないか。本当は誰のための、何のための訓練だったのか。疑問符だらけの訓練を各地で繰り広げるより前に、外交でミサイル危機を回避するのが政府の努めではないのか……。

桐生悠々ならミサイル訓練をどう「嗤《わら》う」のだろうか。そう思った。

金沢市出身の桐生悠々は一九三三年（昭和八）八月十一日、主筆を務めていた長野県の信濃毎日新聞紙上に一本の社説を掲載した。タイトルは「関東防空大演習を嗤う」。軍部が関東一円で行った防空演習を批判する記事だった。「嗤」という漢字には「蔑み、あざ笑う」という意味がある。

将来若《も》し敵機を、帝都の空に迎えて、撃つようなことがあったならば、それこそ、人心阻喪の結果、我は或は、敵に対して和を求むるべく余儀なくされないだろうか。討ち漏らされた敵機の爆弾投下こそは、木造家屋の多い東京市をして、一挙に、焼土たらしめるだろうからである。

だから、敵機を帝都の空に、迎え撃つということは、我軍の敗北そのものである。この危険以前において、途中これを迎え撃って、これを射落とすか、又はこれを撃退しなければならない。帝都の上空において、敵機を迎え撃つが如き、作戦計画は、最初からこれを予定するならば滑稽であり、壮観は壮観なりと雖《いえど》も、要するにそれは一つのパペット・ショーに過ぎない。

第一次世界大戦以降の近代航空戦では制空権を奪われた方が負けであり、敵機は洋上で撃墜するべきだ。最初から東京上空で敵機を迎え撃つという作戦では木造家屋の多い東京が焦土と化す恐れがある。今読んでも至極当たり前の論理であり、十二年後の東京大空襲でこの予見は現実のものになるのだが、この社説が陸軍の猛反発を招き、在郷軍人らが信濃毎日新聞の不買運動を決議。新聞社を追われた悠々は個人雑誌「他山の石」を発行し、特高警察の検閲に抗《あらが》いながら一九四一年（昭和十六）九月に亡くなるまで反軍のペンを執り続けた。

ミサイル訓練だけではない。特定秘密保護法、安保関連法、共謀罪法と続いた治安立法。森友加計学園問題で露わになった公文書の改ざんと隠蔽《いんぺい》。そして、忖度《そんたく》ともの言えぬ空気。抵抗するものは排除し、安全を理由に自由を規制し、情報を隠蔽する光景は悠々が生きた時代と二重写しに見えた。だとすれば、悠々の言論を読み直すことで、現代ニッポンの危機を浮かび上がらせ、教訓を導き出すことができるのではないか。

今、私が悠々を描かねばならない理由はそこにあった。

第一章 「無冠の帝王」桐生悠々の背骨

徳田秋声との出会い

桐生悠々、本名桐生政次《まさじ》は、一八七三年（明治六）五月二十日、旧加賀藩士桐生廉平《れんぺい》の三男として石川県金沢市高岡町で生まれた。

父の廉平は秩禄処分で得た公債をもとに金沢市横安江町で紙問屋を始めたが、「士族の商法」で商いはうまくゆかず、悠々は没落士族の困窮の中で育った。加えて悠々二歳の時に母きよが病死。十六歳で父廉平とも死に別れる。

悠々には長男善三郎と次男佐吉郎という二人の兄がいたが、悠々は父と死別すると独立し、子どもたちに勉強を教えながら、第四高等中学校、後の旧制四高へ通い始める。

今でこそ北陸新幹線の開業で活況を呈する金沢も、悠々が幼いころは、明治維新に乗り遅れ、鬱屈《うっくつ》とした空気に包まれていたと、彼自身が晩年書き残している。

筆者が若かったときには、幼稚なる郷土心理の一端として、何とかして彼《か》の郷土から一総理大臣を出さねばならないというのが、その社会的憧れの一であった。

封建時代においては、加賀藩はいうところ百万石の城下であって、上下共にその栄光に狃《な》れたというよりも、寧ろこれに自惚《うぬぼ》れ、終《つい》に時代の進運に取り残されてしまった。明治維新の機運が刻々に、全国を通じて迫り来《きた》っていることを知らず、彼等は「加賀宝生《ほうしょう》」を謡《うた》ってその日を暮らし、終に薩長土肥にリードされてしまった。

【「他山の石」一九三七年（昭和十二）三月五日】

桐生悠々
（金沢ふるさと偉人館　所蔵）

第四高等中学校で悠々は徳田《とくだ》秋声《しゅうせい》と出会う。後に泉《いずみ》鏡花《きょうか》、室生《むろう》犀星《さいせい》と並び、金沢の三文豪と称される秋声（本名末雄《すえお》）も旧加賀藩士の三男として生まれ、悠々より二歳年上だった。

当時の文壇では、一方で坪内逍遙《つぼうちしょうよう》博士が「早稲田文学」に拠り、他方では、森鷗外博士が「しがらみ草紙」に拠って、互いに論難したときであって、そして私はこの両雑誌を毎月欠かさず読んで、改撰ひたすらにただ心を躍らせたものだった。……硯友社《けんゆうしゃ》一派が「新著百種」を春陽堂から発行し、尾崎紅葉氏の「色懺悔」を筆頭に、次ぎ次ぎに同社同士のいろいろの短編小説が続刊されるに至り、私は矢も楯も堪らず、小説家たらんとする念願に燃え出した。

趣味を同じくする関係から、当時自然に相知った秋声氏と私とは、この「新著百種」にまねて窃《ひそか》に「未開稿」なるものを創設し、これに二人が隔月に筆を執って、互いに相評していたが「新著百種」にいろいろの物が出て、終にはくだらないものまでが蒐輯《しゅうしゅう》されたのを見た二人は「どうだい君、これ位のものなら、僕たちだって書けるじゃないか」と互に話し合うほどの自惚《うぬぼ》れが出て、功名心にあせる二人の青年は、ここに上京を決心したのであった。第四高等中学校を退学して。

【太田雅夫編『新版桐生悠々自伝』】

徳田秋声
（徳田秋聲記念館　所蔵）

一八九二年（明治二十五）三月末、悠々と秋声は中学校を退学し、小説家を目指して上京する。

徳田と桐生は、まだ雪の深い越中境《えっちゅうざかい》の倶利伽羅峠《くりからとうげ》を徒歩で越え、親不知《おやしらず》の危険な道を通って、新潟県の直江津《なおえつ》に入り、そこで生まれて初めて見た汽車に乗り、終点の長野で泊った。その先はまだ汽車がないのでトンネル工事をしている最中の碓氷峠《うすいとうげ》を、土工たちの鋭い目つきを怖れながら越え、明治十七年以来開通していた高崎上野間の鉄道に乗って上野に着いた。

【伊藤整『日本文壇史』第二巻「新文学の創始者たち」】

悠々と秋声は上京後、まず短編小説の原稿を尾崎紅葉宅へ送った。しかし、返事の来ようはずもなく、数日後、二人で東京・牛込横寺町の紅葉の家を訪ねた。その時、玄関番をしていた同じ金沢出身の書生、泉鏡花に面会を断られ、二人はすごすごと引き返す。数日後、紅葉から届いた返事の手紙には、こんな一節が認《したた》められていた。

「柿も渋いうちは烏《からす》もつつき不申《もうさず》、赤くなれば、人間が銭を出しても食べたがり申候《もうしそうろう》」

夢破れた二人はしばらく職工として働きながら生活費を稼いでいたが、悠々は四高への復学を決意して帰郷。秋声は兄を頼って大阪へ向かい、二人は別の道を歩み出す。

悠々は復学した第四高等学校から東京帝国大学に進学。卒業後は東京府庁の属官、保険会社「東京火災」の社員、出版社「博文館」の雑誌編集部員など、ほぼ半年ごとに職を転々とする。その後、悠々は再び東京帝大の大学院へ戻り、法理学の研究を決意する。テーマは「個人における権利思想の発展」だった。

「我《が》」を「個人我」と「社会我」とに分ち、「個人我」の発展が利慾《りよく》となり、放恣《ほうし》となるに反して、「社会我」の発展が一方に於て倫理的観念となると共に、他方に於て権利思想、即ち法律的観念となるだろうから、この順序と方法とを研究し、果してそれが真理でありや否やを見ようとしたのであった。

【太田雅夫編『新版桐生悠々自伝』】

後年、悠々は「言いたい事」と「言わねばならない事」を峻別したジャーナリズム史に残る論説を著すことになるのだが、「社会我」という観念にすでに関心が向いていたことが分かる。

しかし、生活の資に窮していた悠々は、何らかの職業を得なければ研究を続けることができなかった。すでに二十九歳。東京帝大の指導教官だった穂積陳重《ほづみのぶしげ》のもとへ就職の相談へ行き、どんな職業が一番好きかと問われた悠々は、言下に答えた。

「新聞記者」。

こうして悠々は、穂積の紹介で栃木県の「下野《しもつけ》新聞」に主筆として赴任。ここに新聞記者・桐生悠々が誕生した。以来、「大阪毎日」「大阪朝日」「東京朝日」と移籍して記者歴を積み、一九一〇年（明治四十三）、長野県の「信濃毎日新聞」主筆に就任する。この時、悠々三十七歳だった。

井出孫六氏が注目した紙面作り

作家でルポライターの井出孫六《いでまごろく》さん（八十六歳）。井出さんは一九三一年（昭和六）長野県生まれ。中央公論社を経て作家として独立し、『秩父困民党群像』や『アトラス伝説』（直木賞受賞作）など、近現代史を掘り下げた作品を数多く手がけてきた。

その井出さんが一九八〇年（昭和五十五）に発表したのが悠々の生涯を描いた岩波新書『抵抗

の新聞人　桐生悠々』だ。

二〇一七年十一月。晩秋の晴れた日、東京・府中市の自宅を訪ね、井出さんに悠々を描こうと思ったきっかけを聞いた。

「信濃毎日新聞に桐生悠々という主筆がいたということを僕は学生時代に知ったんです。東京の新聞に桐生のことが載ったんですね。すごい人だなと思って」

井出さんが目にしたのは一九五一年（昭和二十六）十月二十七日に東京新聞文化欄に掲載された正宗白鳥《まさむねはくちょう》のエッセー「人生如何《いか》に生くべきか」だった。

私は、最近、私の住所の地方紙信濃毎日の記念号を偶然読んでいるうち、その新聞の昔の主筆であった桐生悠々に関する記事に触目《しょくもく》して、感慨を催したのであった。……今なお心に

井出孫六さん

残っている彼についての印象は、彼が、防空演習のはじまりかけた時分に「防空演習を哂《わら》う」という堂々たる題目の下に、社説として激烈なる感想を述べたことによってである。無法な所論のように思われて記憶に印銘されているが、それは新聞の社説としては異例であった。無論軍部の怒りを買って、社を追出されることになったのだが、彼は、その後は、名古屋あたりで、微々たる箇人雑誌を出して、軍国主義の反対を唱えつづけた。小さい雑誌だから、そんなことも続けられたのであろうが、あの時代に於《おい》ては、不思議なねばり強い態度であった。この雑誌は迫害を凌《しの》いで八年間も続けられたのだそうだが、今度信濃毎日に抄録されているその箇人雑誌の終刊号の所感を見ると、彼は不治の重患に罹《かか》るとともに、雑誌も軍部の圧迫のため廃刊となったのであった。それについて、彼は人生最後の感想として、こんな畜生道の地球において生存するのは無意味だから死んだ方がいいと何物かを叩きつけるような口調で、憤懣《ふんまん》を吐いている。「畜生道の地球」と云った言葉が鬼気を帯びて、今読む私の心に感銘された。

彼はいかに生くべきか、いかに死すべきかを、身を以って考慮した世に稀《ま》れな人のように、私には感銘された。これに比べると、今日のさまざまな知識人の賢明なる所論も、ただの遊戯文字のように思われないでもない。

井出さんが続ける。

「正宗白鳥がとても桐生悠々を評価していて、信毎にすごい人がいたよと座談会やったりして。気になってこちらでも調べてみたら、なかなか人生いかに生きるべきか、みたいな面白い人物だと思って。じゃあ書いてみようかと。当時、明治十七年に起こった秩父事件を調べてまして、並行する形で大分時間がかかった。十年くらいかかった」

井出さんは、悠々の紙面作りに注目した。

例えば、明治天皇の暗殺を計画したとして、社会主義者の幸徳秋水《こうとくしゅうすい》ら十二人が処刑された一九一〇年（明治四十三）の大逆《たいぎゃく》事件。政府は一切の記事の掲載を禁止したが、悠々は記事とは別の「二三子」というコラムの形で当局を批判した。

新聞の記事について警務部長から直接に注意したいことがあるから九日午前十時出頭しろと云う書面が来たので何の事かと警察部に出頭して見ると幸徳秋水の公判を新聞に書いてはならぬと云うことだ、何の事だい馬鹿々々しい。現内閣はソンナに社会主義が恐ろしいのか、多寡《たか》が知れた一幸徳秋水の為に態々《わざわざ》地方の新聞にまで手を入れようとする狼狽《うろた》え方は余所の見る目も可愛相な位だ。哀願を容れて公判の記事は書かぬとしようが、扨《さ》て戸は立てられぬ世上の口じゃわい。二三子は後の世の物語もと思ってここに大書して置く、明治四三年十一月九日、社会主義者幸徳秋水らの予審決定す、内閣狼狽して常識を失う。

【信濃毎日新聞　一九一〇年（明治四十三）十一月十日】

井出さんは当局との緊張関係をそのまま読者に伝える悠々のセンスに驚いたという。

また、明治天皇の葬儀の夜、乃木希典《のぎまれすけ》将軍が妻と共に自殺したニュース。新聞各紙の論調が殉死の賛美一色に染まりゆく中、悠々は、「陋習《ろうしゅう》打破論」と題した社説で三日間にわたって異論を展開した。

我等はさきに明治天皇の大喪儀を遥拝した際、明治元年を以て御発布となった、同天皇の所謂《いわゆる》五箇条の誓文《せいもん》に想到《そうとう》して其精神の在る所を徹底せしめんことを誓った。其御誓文の一条に「陋習《ろうしゅう》を破り、天地の公道に就《つ》く可し」と云う件がある。

自ら生命を絶つのは、如何なる点より見ても、「天地の公道」に反して居る愚挙。随《したが》って

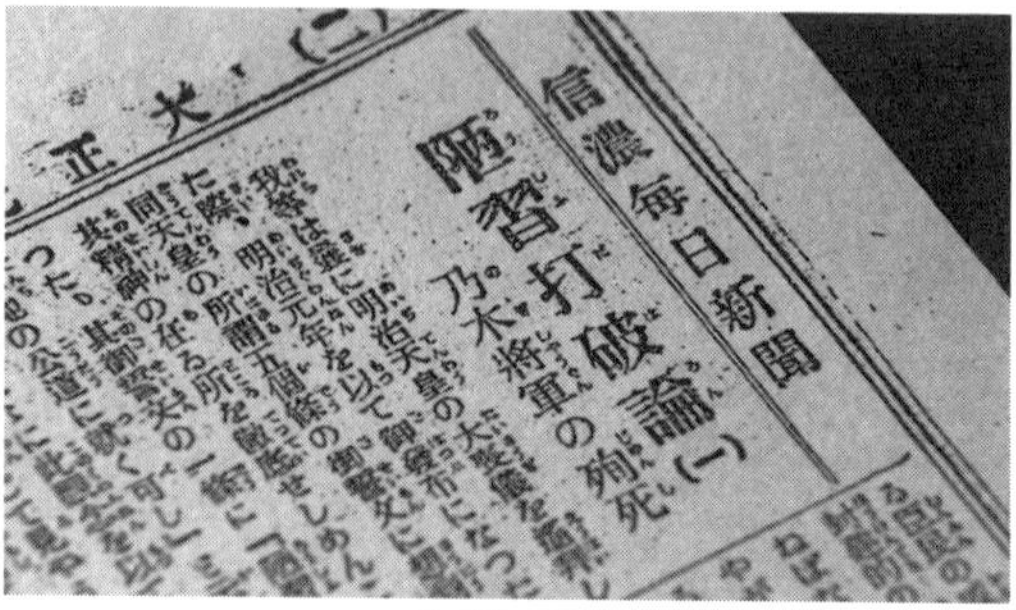
信濃毎日新聞
陋習打破論（一）
乃木将軍の殉死

陋習打破論

一種の罪悪である。個人的には、其《その》動機と原因と手段の如何により、或はジャスチファイされる場合もないではない。併《しか》しながら、団体生活、もしくは国家生活の上から見れば、其自殺者の能力や資格が最早社会に貢献し能わざる状態に在れば格別、然らざれば、自殺は断じて排斥すべきものである。

忠臣二君に仕えずとは、封建時代に於てこそ意味もあり、又倫理的の価値もあったれ、王政復古して六千万の民挙げて一天万乗《いってんばんじょう》の君に仕えまつる今日に於てはただに無意味であるのみならず、更に進んで国家の生存に至大の危険を及ぼすべき倫理的思想である。我等の戴《いただ》きまつるは万世一系《ばんせいいっけい》の天皇である。封建時代に於ける徳川幕府でもなければ、固《もと》より毛利公でもない、旧藩のお殿様でもない。随って我等は明治天皇の忠臣であると同時に、今上陛下の忠臣でなければならぬ。然るに、明治天皇が崩御されたからとて、之《これ》と同時に殉死してしまうものは、ただに今上陛下に対し奉りて、不忠不誠であるのみならず、明治天皇に対しても、亦《また》許すべからざる不忠不誠の所為である。我等は此《この》点に於て、大いに乃木将軍の殉死に反対するものである」

【信濃毎日新聞　一九一二年（大正元）九月十九～二十一日】

桐生悠々の立脚点は、五箇条の誓文という明治初年制定の近代政治の原理にあったと井出さんは考えている。悠々は明治天皇を敬愛し、その後の言論活動でも、五箇条の誓文にある「万機《ばんき》公論《こうろん》に決すべし」や「天地の公道に基づくべし」を根拠に挙げた。

「乃木さんという人を理解するところは理解し、弱かったところは弱かったと客観的に見る目を持っていた。ジャーナリズムにいる人間はそういう目を持つ必要があると思う」と井出さん。

また、井出さんは、悠々は権力による言論統制の動きには敏感に反応する論説記者だったと指摘する。信濃毎日新聞社を退社後、一九一四年（大正三）から十年間、大正デモクラシーの時代を名古屋の「新愛知新聞」主筆として過ごした彼は、一九一八年（大正七）、米騒動に対する政府の報道禁止措置に猛然と立ち向かっている。

歴代内閣中には随分無智無能の内閣もあったが、現内閣の如く無智無能なる内閣はなかった。彼等は米価の暴騰が如何に国民生活を脅かしつつあるかを知らず、これに対して根本的な救済法を講ぜず、甚しきに至っては応急の救済法すらも施し得ずして、食料騒擾《そうじょう》の責を一にこれが報道の責に任じつつある新聞紙に嫁し、これに関する一切の記事を当分安寧《あんねい》秩序に害ありとして、掲載禁止を命ずるが如き、誰《たれ》かこれを無智無能と云わざるべき。彼等は新聞紙に箝口令《かんこうれい》を施し、これが報道を禁止だにすれば、食料騒擾は決して伝播《でんぱ》せざるが如くに思惟《しい》している。その無智なる唯々《ただただ》呆れるよりほかはない。新聞紙は事実を国民に報道することによって、平生《へいぜい》国家的の任務を果している。否、事実の報道をほかにしては、新聞紙は存在の価値もなければ意義もない。更に進んで言えば事実の報道即新聞紙である。しかるに、現内閣は事実の消滅そのものを断行せずして、この事実の報道を新聞紙に禁止した。その暴戻《ぼうれい》怒るよりも、その迂遠《うえん》なる寧《むし》ろ憐れむべしである。事件、事実は新聞紙の食糧である。然るに現内閣は今や新聞紙の食糧を絶った。事茲《ことここ》に至っては、私共新聞紙も亦《また》起って食料騒擾を起さねばならぬ。彼等は事実と云う新聞紙の食糧を絶って、今や新聞紙の生命を奪わんとして居る。新聞紙たるものは此際《このさい》一斉に起って、現内閣を仆《たお》すの議論を闘わさなければならぬ。社会生活と何等の交渉なき新聞紙を作ることは私共の断じて忍び得る所ではない。今や私共は現内閣を仆さずんば、私共自身が先ず仆れねばならぬ。

【新愛知新聞「新聞紙の食糧攻め　起てよ全国の新聞紙！」一九一八年（大正七）八月一六日】

報道禁止に対しては、「言論擁護・内閣打倒」の決議が全国の新聞記者会に広がり、当時の寺内正毅《まさたけ》内閣は総辞職に追い込まれた。

その一方で、悠々の筆剣は自らがよって立つ新聞界にも向けられた。一九一四年（大正三）三月二十七日から三日間にわたって新愛知新聞に掲載された「新聞紙の新理想主義」は、報道と営業の在り方という現代のメディアにも通じる論点を提示している。

新聞紙の当初に於《おい》ては、新聞は所謂《いわゆる》「社会の木鐸《ぼくたく》」、新聞記者は所謂「無冠の帝王」であった。彼らは概して経世憂国の士であった。其《その》記事、其《その》筆によって、一世の風潮を指導せんとするの理想を懐《いだ》いて居た。一歩を譲り、こうした理想を一片の空想に過ぎないとしても、彼等が此《この》空想若くは幻影に憧れて居たさまは、宛《えん》として文芸史上に於ける浪漫主義《ロマンチシズム》そのままであった。

然るに、新聞紙の浪漫主義は程なく一変して、新聞紙の自然主義《ナチュラリズム》に堕してしまった。此時代にありては、新聞紙は「社会の木鐸」にあらずして「社会の反射鏡」たるに過ぎない。唯《ただ》社会の「自然」を新聞紙の上に写さば、夫《それ》にて事は足りるのである。私共が日常の生活や事件を唯乱雑に紙上に排列すれば、夫にて事は足りるのである。

新聞紙の新理想主義とは何ぞや。曰く一般文明の上に立って、此《この》文明に貢献すべく、新聞紙を編輯《へんしゅう》する事、即ち斯《こ》うした目的を以て、論説や記事を書き、材料を選択し、並に其記事を排列すること是《これ》である。

是を各国の新聞紙に当嵌《あては》めれば、世界の文明に着眼して其《その》傾向を知ると共に、此文明に対する自国の地位を知り、之《これ》に応じて、材料を蒐集し、論説記事を書き、以《もっ》て其文明に後《おく》れざらんことを勉《つとむ》るのが、新聞紙の新理想主義ではあるまいか。

……此時代に在っては、新聞の品位や声価は問題ではない。如何にして読者の気に入り、如何にして其発行部数を増加せんかという営業的の利害が新聞紙の生命を左右する一大問題である。

それ故《ゆえ》、こうした時代に於ては、編輯は営業の為に自ら圧倒され、記者はただ経営主の命令のままに読者の機嫌を取り、その低級なる感情や趣味に阿《おもね》るべく、一種の技術家であれば可《よ》いのである。平凡なる自然主義が産み出す新聞紙、ただ在るがままの材料を蒐集排列し、その間に何等の選択を必要としない自然主義が産み出す新聞紙が、新聞紙の設計者を要せずして技術家を要するに至ったのは、決して無理からぬ順序である。

……若し私どもにして虚心平気に、而して自由自在に、何物にも囚《とら》われず独立して輿論《よろん》に対すれば、私共は不敏ながらもその傾向を知ることが出来るのである。かくてこの傾向に乗じてこそ、新聞は初めて自然主義時代の「社会の反射鏡」ともなり、新理想主義時代の「社会の指導者」ともなり得るのである。

……将来の新聞紙即《すなわ》ち新理想主義の新聞紙は、早晩《そうばん》営業の手を離れて、社会の公器たるべき権利を有し、社会もまた之をして公器たらしむべき義務を負担するに至るであろうと思う。而して新理想主義の新聞紙はここに初めて記者と経営主と共に、最も完全なる域に達するのである。

信濃毎日新聞社の桐生悠々

長野市南県町《みなみあがたまち》に本社のある信濃毎日新聞社。

桐生悠々が生まれた同じ年一八七三年（明治六）に創刊し、発行部数およそ四十七万部を誇る長野県の代表紙だ。

二〇〇二年（平成十四）、当時の小泉純一郎内閣が「人権擁護」「個人情報保護」のいわゆるメディア規制法案を提出した際、私はメディア規制に反対する特別番組のディレクターとして信濃毎日新聞社を取材したことがある。桐生悠々が実際に使っていた机を撮影するのが目的だった。

当時の社屋は一九二三年（大正十二）に長野県内で初めて建てられたという鉄筋コンクリート三階建ての白い建物だった。そして、悠々の机は原稿用紙や資料が積まれたデスクが並ぶ編集局

桐生悠々が実際に使っていた机（信濃毎日新聞社）

の奥、窓を背にした場所に置かれていた。撮影の間、今にも用事を済ませた悠々が席に戻ってくるような気がしたのを覚えている。それほど机は編集局に馴染んでいた。

二〇一八年（平成三十）二月、私は再び信濃毎日新聞社を訪ねた。悠々が使っていた机は十二階建ての新社屋二階の見学スペースの一角に展示されていた。

机を前に論説主幹の丸山貢一《まるやまこういち》さん（六十二歳）が噛みしめるように語った。

「これが、桐生悠々が実際に使った机です。悠々を信毎という会社が守り切れなかった悔恨の思いもあります。すべて、この机から滲み出てくる気がします」

信濃毎日新聞は、経営陣と対立して新愛知新聞を退社した悠々を一九二八年（昭和三）、再び主筆に招へいした。この時、悠々五十五歳。新聞社に今も悔恨の思いが語り継がれる第二次信毎主筆時代が始まったのだ。

一九三二年（昭和七）、青年将校の一団が首相官邸に押し入り、犬養毅《いぬかいつよし》首相を射殺した五・一五事件。実はこの事件は発生から一年間、報道が禁止されていた。その上、解禁後は、政党政治の弊害や財閥の横暴を批判する被告の訴えに同情的な論調が目立ち、国民の間には減刑運動も広がった。しかし、悠々はこうした論調や世論を真っ向から批判した。

犯罪の社会性、即ち犯罪の社会に及ぼす被害から見れば、その被害の大なるものが、ヨリ多く憎むべく、従って、ヨリ重く罰せられねばならないというのが、少なくとも、不名誉的に罰せられねばならないというのが、屢々《しばしば》力説した私たちの犯罪論に対する根拠である。この論拠によるときは、政治犯は、特に叛乱《はんらん》罪の如きは、その被害、その影響の及ぶ範囲の大なることは、普通殺人罪のそれと、同日の談ではない。

……漫然として皮相的に判断すれば、故犬養氏一人のみが殺されたるに過ぎないだろう。だが、これがために政変が起った。しかも、一大政変が起った。憲政の常道を脱せしめた。こうした暴動を名誉的とするものは、名誉の意味を取り違えた変態的心理の持主である。言いかえれば狂人の仕業《しわざ》である。

にも拘《かか》わらず、過去においては普通人はいうまでもなく、司法当局すらも、又立法者ですらも、名誉に関する観念を誤り、少なくとも政治犯人を、普通人よりも、ヨリ鄭《てい》重《ちょう》に取扱って来た。かくして殉教者の名において、彼等をして誇りげに、この不名誉極まる犯罪を行わしめ、その結果として、最近には、応接に遑《いとま》あらしめざる程度において、暗殺者を続出せしむるに至った。陸海軍司法当局の時代錯誤を嗤《わら》わざるを得ない。

【信濃毎日新聞　一九三三年（昭和八）五月十日】

軍部と司法当局を「嗤った」悠々は、その一方で、国民に対しても苦言を呈した。

五・一五事件に連座した陸海軍々人側の被告が、軍法会議において陳述したところのものを見るに、いずれも時世を憤慨し、財閥の横暴を、政党の、政党政治家の堕落を、更に進んで、元老の不心得をまで痛罵《つうば》し、世を挙げて、滔々《とうとう》相率いて、しかく国家と社会正義とを蹂《じゅう》躙《りん》し、他に合法的手段を以てしては、到底これを救済し能《あた》わない限り、そこに非合法的の手段を取るべく余儀《よぎ》なくされたことを語っている。尽忠報国の一念、おのずからここに出た、純粋なる意志に基いた犯罪であるので、従って世人《せじん》の同情を買い、到るところにおいて、減刑運動の起こりつつあることを見ても、彼等の行動を以て、単に犯罪とのみ速断し能わないだろう。

……その社会的責任について論ずれば、彼等によって痛罵された、財閥、政党、政党政治家、元老《げんろう》等が、各自に、これを負わなければならないことは勿論《もちろん》、今日まで、国家と社会的正義とを併《あわ》せて蹂躙しつつあった彼等の罪悪を、黙視していた一般国民も、またこれを分担しなければならない。言いかえれば、一般国民も連帯してその責を負わなければならない。

私たちにして、この場合、進んで、積極的に、責任を負わんとするならば、彼等の如き非合法的手段によらずして、合法的の、法律によって、何人によっても正化される社会革新の挙に出なければならない。「白昼斬取大臣頭」によって、世人を警《いま》しむるよりも、選挙を通して議会を革新し、そこに一般国民の意志と利害とを反射せしむることによって、国家を救い、社会正義を維持しなければならない。急がば廻《まわ》れである。立憲治下《ちか》にあっては、間だるい誹《そしり》はあるにしても、これによる外《ほか》、他に合法的の手段はない。

【信濃毎日新聞　一九三三年（昭和八）八月九日】

しかし、五・一五事件の裁判は、死刑を求刑された三人を含む被告全員が禁固刑という異例の軽い判決で終わった。

満州事変、五・一五事件、国際連盟脱退。

軍国主義の靴音が高まる中、桐生悠々の論説はやがて、軍部の標的になる。

第二章　関東防空大演習を「嗤《わら》う」

満州事変で一変した新聞報道

「国軍立直しは根本的にやれぬ　期待はづれの軍改案」
【大阪朝日新聞　一九三一年六月二十五日】

「軍部の専断的軍革　悉《ことごと》く国民期待を裏切る」
【大阪朝日新聞　一九三一年六月三十日】

「益々《ますます》露骨になる陸軍内の反軍縮熱　機会毎《ごと》に満洲の危機を説き」
【東京朝日新聞　一九三一年九月二日】

「消えて失せた軍費整理」
【東京朝日新聞　一九三一年九月六日】

これは一九三一年（昭和六）に満州事変が起こる直前の新聞記事の見出しだ。陸軍の軍制改革が不十分だとして新聞が批判していたのが分かる。

実は、大正から昭和にかけては、国際的な軍縮の流れを受けて、陸軍でも師団の廃止や将校の大量解雇が進み、軍人の社会的地位は低下していたという。筒井清忠著『戦前日本のポピュリズム』（中公新書）によれば、加藤友三郎《かとうともさぶろう》内閣の山梨半造《やまなしはんぞう》陸相による二次にわたる軍縮（一九二二年、一九二三年）で将校二千二百人、准下士官以下およそ六万人が馘首《かくしゅ》された。

さらに加藤高明《かとうたかあき》内閣の宇垣一成《うがきかずしげ》陸相による一九二五年の軍縮では二十一個師団中四個師団が廃止され、陸軍幼年学校二校なども廃止。将校およそ千二百人、准下士官以下およそ三万三千人が馘首された。山梨軍縮と宇垣軍縮で職を失った軍人はおよそ九万六千四百人にも上る。

筒井氏は同著で、陸軍三等軍医寺師義信が一九二二年（大正十一）八月二十七日に東京日日新聞に寄せた「軍人の立場について」という文章を紹介している。

「関西の或《ある》都市周辺では、頑是《がんぜ》ない小児がいう事をきかぬ場合、親がこれを叱るに、「今に軍人にしてやるぞ」と怒鳴り立てる。停車場辺で軍人が俥《くるま》を呼べば、車夫は傲然《ごうぜん》として「戯《じょう》談《だん》じゃない。あるいたらいいでしょう」と剣突《けんつく》を喰わす。軍隊が終日演習して、ヘトヘトに疲れて夕方或る町にたどりつけば、町の民家はいそいで戸をしめ、内から錠をおろす。或いは蒲団《ふとん》や夜具をひっ張り出して、にわかに病人を仕立てる。これらは皆、兵卒の宿営をことわる手段なのだ。殊《こと》に軍縮問題が八釜《やかま》しくなってから、軍人の影がいよいよ薄くなって、若い青年将校が結婚の約束をしていたのが、どしどし嫁の方から破談にしてくる。今や若い将校は結婚難にも苦しめられている。また以前は、兵隊といえばいかなる博徒《ばくと》でもおそれて手出しせなかったものだが、今は却《かえっ》て博徒の方から軍人に喧嘩を売り、ひどい暴言を吐きかけ、なおあきたらずに神聖なる兵営まで推《お》寄《し》せるという奇態な状況を呈する時代となったのである…いずれにせよ、カーキ色の服は往来でも電車の中でも汽車の中でも、国民の癪《しゃく》の種となっている様である」

こうした空気の中で持ち上がった陸軍の軍制改革。新聞は行財政整理の一つとして軍縮を位置づけ、抵抗する軍部を批判していたのだ。

現内閣は国民多数の支持するところだ。殊に軍備縮小の旗印が国民の支持するところであることは疑を容《い》れることのできぬ事実である。軍部はこの国民の世論を無視して政府に盾《たて》つかんとしているように見受けられる。

今日の軍部はとかく世の平和を欲せざるごとく、自らことあれかしと望んでいるかのように疑われる。かくの如きはわが国の伝統にもとること甚だしい。軍部が政治や外交に嘴《くちばし》を容れ、これを動かさんとするは、まるで征夷大将軍《せいいたいしょうぐん》の勢力を今日において得んとするものではないか。危険これより甚だしきはない。

【大阪朝日新聞　一九三一年（昭和六）八月八日】

ところが、九月十八日に関東軍の謀略で満州事変が勃発すると、軍縮論は吹き飛び、新聞は戦況報道一色になった。朝日新聞や東京日日新聞など全国紙は、戦場の写真をふんだんに載せた号外の発行を重ねた。また、新聞社として軍へ寄付金を贈った上で、読者にも慰問金を募集し、連日、寄付者の氏名を紙上で掲載した。

なぜ、満州事変で新聞は一変したのか。

ジャーナリストで戦前戦中の新聞を研究してきた前坂俊之《まえさかとしゆき》さん（七十四歳）。元毎日新聞記者でもある前坂さんは、戦争報道がはらむ問題点を挙げる。

「満州事変の直後、陸軍が一切の発表を禁ずる措置を出しました。軍を批判すること、計画とか作戦の内容を書くことは一切できなくなった。だから軍当局の発表に従って、前へ前へと報道していく。戦争になれば新聞は一番発展する。戦争報道は新聞にとって何と言っても最大のニュースですから。新聞の宿命じゃないですか。今も速報が一番大切ですから。

朝日新聞や東京日日は自社の飛行機を持っていますから現地へ特派員を送って写真を空輸し、号外をどんどん出す。一日に十回出したこともある。そして写真展も開く。現地に行った記者が帰ってきて満州事変報告会を開くと満員になる。新聞が始めた義援金募集は、その後全国の府県に広がる飛行機の献納運動につながっていきます」

軍部批判を展開してきた新聞各紙は満州の権益擁護を訴え、軍部の支持へと社説の論調を転換していった。ここでは東京と大阪の朝日新聞社説を見てみる。

前坂俊之さん（神奈川県逗子市の自宅で）

〈権益擁護は厳粛〉

事件は極めて簡単明瞭である。暴戻《ぼうれい》なる支那側軍隊の一部が、満鉄線路のぶっ壊しをやったから日本軍が敢然として起ち、自衛権を発動させたというまでである。自衛権発動の結果、満鉄沿線の要所々々を守るため、一時的保障占領をなす外なきに至ったのも、固《もと》よりやむを得ないことである。

日本の重大なる満蒙《まんもう》権益が現実に侵犯され、踏みにじらるる時、如何に日本が死命を賭《と》しても、強くこれが防衛に当たるかという、厳粛無比の事実…不幸にしてその時が遂に来た。しかし、日本の断然たる態度は、支那側に対するよう懲《ちょう》そのことを目的とするものでなく、また何等かの野心をたくましうせんとする意図によるものでなく、一つに条約範囲内における日本の正当にしてかつ重大なる権益を擁護せんとする以外にはないのである。自衛権の発動と自衛権の発動に基く保障占領は、実にこれがために外ならぬと信ずるものである。

【東京朝日新聞　一九三一年（昭和六）九月二十日】

〈断じて他の容喙《ようかい》は無用〉

帝国軍隊の行動は全く「正当なる権利の擁護のため」であって、決して局外者よりかれこれ非議さるべきではないのである。然るに国際連盟理事会はわが代表の反復釈明せるにも拘らず、支那代表の提訴によりて終に戦闘中止、急速撤兵の勧告を日支両国に向かって提示した。

吾人《ごじん》の見解では連盟がもしこれ以上に容喙するようのことあれば、それこそ必要以上に日本の国論を刺激し、却って実際上益なき結果となるであろうことを断言して憚《はばか》らない。

【大阪朝日新聞　一九三一年（昭和六）九月二十六日】


軍部が作り出した既成事実を新聞が大々的な報道で追認する結果となり、軍部の支持へと傾いた世論が、逆に新聞への無言の圧力になったと前坂さんは指摘する。


「特に大阪朝日は反軍的な姿勢で、満州事変までは軍部の行動に反対していたのが、一転して軍部の圧力と、それから販売に対する在郷軍人会の不買運動が起こって、特に香川県、奈良県で朝日新聞の部数が一挙に下がった。それで、新聞社の販売の方からも、何とか止めてほしいという要求があって、満州事変の批判を止めたということです。

なぜ抵抗できなかったかというのは戦後の平和の時代からの発想でね、新聞紙法、出版法、治安維持法の下での言論活動で、毎年のように軍事衝突があった時代です。その中で大阪朝日は健闘して頑張っていたと思いますよ」

前坂さんが触れた「不買運動」は、軍部が批判的な言論を圧迫する際の常套手段だったようだ。しかし、すべての新聞が屈伏したわけではない。前坂さんが自著『太平洋戦争と新聞』（講談社学術文庫）の中で、二つの新聞社の抵抗を紹介しているので引用したい。

まず仙台の「河北新報《かほく》」は一九三一年（昭和六）十月十四、十五日にわたって「挙国一致内閣の正体」を連載し、軍部の暴走を抑えられない第二次若槻礼次郎《わかつきれいじろう》内閣を批判した。

「陸軍を制し切れない首相の無能ぶりが、外国の新聞辺りから笑われはじめた。政府もだらしないが、野党の政友会も無力、無能というかまるで仮死状態だ。そうしたところに挙国一致内閣説が出てきた。この挙国一致内閣の実体は軍閥が中心となって、これに政党が参加せよというのだ。事変以来軍閥は気をよくしている。見給《みたま》え、三宅坂（陸軍）が日本の国家を代表しているではないか。名は政党内閣でも実質は軍閥内閣である」

この記事に軍部は激怒、仙台連隊司令官が県特高課員と憲兵を連れて河北新報本社に乗り込み、一力次郎《いちりきじろう》社長に「軍を誹謗するものだ」とねじ込み、「不買運動を行う」と脅した。一力社長は「記事は編集局長である私の全責任である」と要求を拒絶、南陸軍大臣あてに確認書を出した。「社屋は貧弱だが、言論機関の城郭である。もし外部から暴力あらば、四百人の社員一丸となって言論の自由を死守する。しかも、大元帥陛下のご命令とあれば、いつ砲撃されても苦しからず。不買同盟は読者の自由意思なので絶対に配達するようなことはしない」

この気迫あふれる対応に軍部は圧迫を止め、不買運動は成立しなかった。

もう一社は「福岡日日新聞」だ。満州事変の翌年、一九三二年（昭和七）に五・一五事件が起きると、主筆の菊竹六鼓《きくたけろっこ》は五月十六日から六日間連続で社説を掲載し、軍部の暴走を正面から批判した。

「陸海軍人の不逞《ふてい》なる一団に襲われたる犬養首相は国民がこの不祥事なる事件の発生を知るや知らざるうちに遽然《きょぜん》として逝去した。真に哀悼痛惜に堪えざるところである。
当代政治家中、識見高邁《こうまい》、時局艱難《かんなん》を担当する実力ある士を求めれば、おそらくは首相の右に出ずるものはなかったであろう。……その政治家を虐殺するにいたっては、真に政治の改革を望むものにあらずして、自家の政治的野心を遂げんがためにする一妄動《もうどう》であると断ずるのほかはない。……かれらは国家を混乱潰滅に導くほか、なんの目的なきものと断ぜざるを得ない」

【福岡日日新聞　一九三二年（昭和七）五月十六日】

「不逞なる一団」の「一妄動」。菊竹の厳しい批判に対し、地元の久留米歩兵第十二師団や在郷軍人会、右翼から猛抗議が押し寄せ、不買運動の動きも出てきた。しかし、福岡日日はこうした攻撃に会社一丸となって抵抗し、不買運動を阻止したという。

菊竹は一歩もひかず、軍人からの脅迫電話には「国家のことを想っとるのが、あなた方軍人たちだけと考えるなら大まちがいだ。国を想う気持はあんた方に一歩も劣りはせん」と激しくやりあった。また、別の電話では「田舎新聞をつぶす？　いいでしょう。用意はできとる。いつでも来なさい」とガーンと受話器を置いて対決した。

当時の永江真郷《ながえまさと》副社長は「正しい主張のために、わが社にもしものことがあったにしてもそれはむしろ光栄だ」と六鼓を励ました。不買運動や弾圧を恐れる販売担当が「このままでは会社がつぶれるかも……。お手柔らかに……」と泣きついたのに、「バカなことを言ってはいかん。日本がつぶれるかどうかの問題だ」と一喝した、という。（前坂俊之著『太平洋戦争と新聞』）

関東防空大演習

満州事変以降、東京、大阪の大新聞が正面からの軍部批判を避けていったのに対して、地方紙ではまだ堂々と批判の論陣を張る論説記者がいた。新聞のアキレス腱ともいえる不買運動を組織としてははね返した新聞社もあったのである。しかし、こうした抵抗は散発的なものに終わった。新聞と世論が軍部支持へとなだれを打った満州事変から二年後、関東一円で挙行されたのが関東防空大演習だった。

関東防空大演習は一九三三年（昭和八）八月九日から三日間、人口五百万人の帝都・東京を中心に一府四県で実施された。演習地域は東京を中心に直径三百キロにおよび、攻撃方は陸海軍の航空部隊や航空母艦の艦上機があたり、防衛方には陸軍の戦闘機三個中隊がまわる史上初の大規模な演習だった（前坂氏前掲書）。

関東防空大演習（朝日新聞社　提供）

二〇一八年（平成三十）二月、私は長野市にある県立長野図書館を訪ねた。桐生悠々の運命を変えた信濃毎日新聞の記事を撮影するためだった。職員二人が慎重に書庫から運び出してくれた紙面は赤茶けていて、所々テープで補強されている。八十五年という時の経過を感じさせた。一九三三年（昭和八）八月十一日付朝刊の第二面に悠々の評論記事「関東防空大演習を嗤《わら》う」はあった。

タイトルの「嗤」という漢字には「蔑み、あざ笑う」というニュアンスが込められている。七段組み、二千字にわたる歴史的な評論記事であり、全文を記載する。

評論　関東防空大演習を嗤《わら》う

防空演習は、曽《かつ》て大阪に於《お》いても、行われたことがあるけれども、一昨九日から行われつつある関東防空大演習は、その名の如く、東京付近一帯に亘《わた》る関東の空に於て行われ、これに参加した航空機の数も、非常に多く、実に大規模のものであった。そしてこの演習は、AKを通して、全国に放送されたから、東京市民は固《もと》よりのこと、国民は挙げて、若しもこれが実戦であったならば、その損害の甚大にして、しかもその惨状の言語に絶したことを、予想し、痛感したであろう。というよりも、こうした実戦が、将来決してあってはならないこと、又あらしめてはならないことを痛感したであろう。と同時に、私たちは、将来かかる実戦のあり得ないこと、従ってかかる架空的なる演習を行っても、実際には、さほど役立たないだろうことを想像するものである。

将来若《も》し敵機を、帝都の空に迎えて、撃つようなことがあったならば、それこそ、人心阻《じんしんそ》喪《そう》の結果、我は或《あるい》は、敵に対して和を求むるべく余儀なくされないだろうか。何《な》ぜなら、此《この》時に当り我機の総動員によって、敵機を迎え撃っても、一切の敵機を射落とすこと能《あた》わず、その中の二三のものは、自然に、我機の攻撃を免れて、帝都の上空に来り、爆弾を投下するだろうからである。そしてこの討ち漏らされた敵機の爆弾投下こそは、木造家屋の多い東京市をして、一挙に、焼土《しょうど》たらしめるだろうからである。如何に冷静なれ、沈着なれと言い聞かせても、又平生《へいぜい》如何に訓練されていても、まさかの時には、恐怖の本能は如何《いかん》ともすること能わず、逃げ惑う市民の狼狽《ろうばい》目に見るが如く、投下された爆弾が火災を起す以外に、各所に火を失し、そこに阿鼻叫喚《あびきょうかん》の一大修羅場《しゅらば》を演じ、関東地方大震災当時と同様の惨状を呈するだろうとも、想像されるからである。しかも、こうした空襲は幾《いく》たびも繰返される可能性がある。

だから、敵機を関東の空に、帝都の空に、迎え撃つということは、我軍の敗北そのものである。この危険以前に於《お》て、我機は、途中これを迎え撃って、これを射落すか、又はこれを撃退しなければならない。戦時通信の、そして無電の、しかく発達したる今日、敵機の襲来は、早くも我軍の探知し得るところだろう。これを探知し得れば、その機を逸せず、我機は途中に、或は日本海岸に、或は太平洋沿岸に、これを迎え撃って、断じて敵機を我領土の上空に出現せしめてはならない。与えられた敵国の機の航路は、既に定まっている。従ってこれに対する防禦も、また既に定められていなければならない。この場合、たとい幾つかの航路があるにしても、その航路も略《ほぼ》予定されているから、これに対して水をも漏らさぬ防禦方法を講じ、敵機をして、断じて我領土に入らしめてはならない。

こうした作戦計画の下に行われるべき防空演習でなければ、如何にそれが大規模のものであり、又如何に屢々《しばしば》それが行われても、実戦には、何等の役にも立たないだろう。帝都の上空に於て、敵機を迎え撃つが如き、作戦計画は、最初からこれを予定するならば滑稽であり、やむを得ずして、これを行うならば、勝敗の運命を決すべき最終の戦争を想定するものであらねばならない。壮観は壮観なりと雖《いえど》も、要するにそれは一のパペット・ショーに過ぎない。特にそれが夜襲であるならば、消燈しこれに備うるが如きは、却って、人をして狼狽《ろうばい》せしむるのみである。科学の進歩は、之を滑稽化せねばやまないだろう。何ぜなら、今日の科学は、機の翔空速度と風向と風速とを計算し、如何なる方向に向って出発すれば、幾時間にして、如何なる緯度の上空に達し得るかを精知し得るが故に、ロボットがこれを操縦していても、予定の空点に於て寧ろ精確に爆弾を投下し得るだろうからである。この場合、徒らに消燈して、却って市民の狼狽を増大するが如きは滑稽でなくて何であろう。

特に、曽《かつ》ても私たちが、本紙「夢の国」欄に於て紹介したるが如く、近代的科学の驚異は、赤外線をも戦争に利用しなければやまないだろう。この赤外線を利用すれば、如何に暗きところに、又如何なるところに隠れていようとも、明に敵軍隊の所在地を知り得るが故に、これを撃破することは容易であるだろう。こうした観点からも、市民の、市街の消燈は、完全に一の滑稽である。要するに、航空戦は、ヨーロッパ戦争に於て、ツェペリンのロンドン空撃が示した如く、空撃したものの勝であり、空撃されたものの負である。だから、この空撃に先だって、これを撃退すること、これが防空戦の第一義でなくてはならない。

【信濃毎日新聞　一九三三年（昭和八）八月十一日】

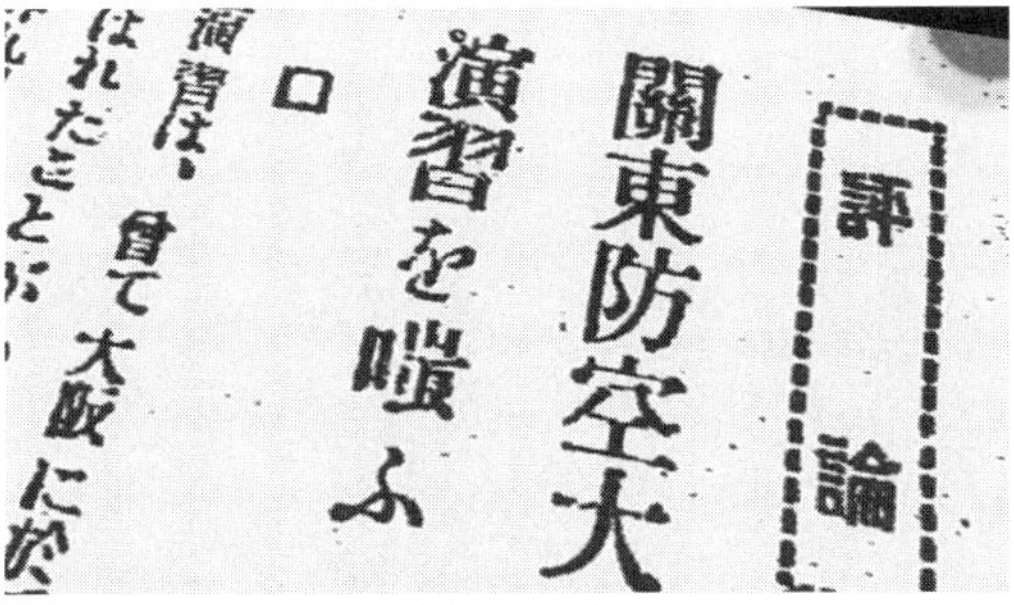

関東防空大演習を嗤う

評論の前段では、空襲された場合、地上からの迎撃には限界があり、木造家屋の多い東京が焦土に化す恐れがあることを強く訴えていて、あたかも十二年後の東京大空襲を予見したかのような内容だ。そして、後段では、科学の進歩で敵機の到来は予知できる時代になるとして、洋上での撃破に努めるよう提言。第一次大戦でのロンドン空襲を例に挙げ、近代戦では空襲された方が負けだと断言している。いたって合理的な内容だと思う。

そして、満州事変以降の軍部とメディアの関係を踏まえて見た時、「嗤う」はもちろん、「滑稽」「敗北」「パペット・ショー」などという言葉をあえて使った悠々の気概に驚きを禁じ得ない。

案の定、この評論記事に軍部は猛反発した。

在郷軍人有志で作る「信州郷軍《ごうぐん》同志会」が、信濃毎日新聞のボイコットを決議。さらに、新聞社に乗り込み、主筆の悠々と編集長の退社を迫ったのだ。

悠々は後年発行した個人雑誌「他山の石」に当時の緊迫した場面を描いている。

郷軍同志会は連隊区司令官の指導の下に、各支部を糾合して、同紙〈信濃毎日〉のボイコットを決議したのみならず、その他、新聞社を焼打ちせんなどの流言《りゅうげん》蜚語《ひご》を放たしめたる上、或日彼等の代表七名が勢揃いして同社の小坂常務を訪問した。この小坂常務の談によれば、しばらく社長室において氏を待ち受けていた彼等は、氏が、この室に入ると同時に、一斉に起立して挙手の礼を行った。五・一五事件直後の出来事であったから、氏の驚いたのも無理はなかったであろう。そして彼等は一の決議書を氏に突きつけて、同新聞の主筆たる私に対する処分を氏に迫ったのであった。そして彼等は、これに附加えて、然らざれば、貴族院議員たる同社の小坂順造氏にも自然累《るい》を及ぼすべしと言ったそうである」

【「他山の石」一九三六年（昭和十一）六月五日】

在郷軍人会による不買運動

当時の信濃毎日の発行部数はおよそ二万部。対する郷軍同志会は八万人と圧倒的だった。信濃毎日新聞の丸山貢一論説主幹は、当時新聞社が直面した状況を推し量りながら語った。

「一九二八年には三万六千部ぐらいだったようですが、翌年の世界恐慌があって不景気になり、全国紙が長野県内に勢力を伸ばそうとしていた時期でもあった。それで二万部まで減り、経営的にも非常に厳しい状況に陥っていて、役員報酬を返上し、一部の高給社員の給与カットもやっていたようです。そういう中で八万人という郷軍同志会の不買運動というのは、もしこれが展開された場合、おそらく社として立ちゆかなくなる、つまり社が倒れるか倒れないかという瀬戸際に追い込まれたということです」

「信州郷軍同志会」とはどんな組織だったのか。その前に、まずは在郷軍人会《ざいごうぐんじんかい》について確認しておきたい。

明治から昭和前期の日本では国民皆兵制の下、満二十歳になった成年男子は本籍地で徴兵検査を受けた。身体検査で甲種・乙種に合格した者は「現役」として入営し、二年の軍隊教育を受けた。そして退役後も、五年四カ月の「予備役《よびえき》」、十年の「後備役《こうびえき》」に服さなければならなかった。在郷軍人とは主に予備・後備役に退いた軍人のことで、一九一〇年（明治四十三）に発足した帝国在郷軍人会は昭和前期には会員三百万人とも言われた巨大組織だった。

桐生悠々の評伝を書いた前出の井出孫六さんも在郷軍人の姿を覚えているという。

「僕が生まれた臼田町（現・佐久市）にも在郷軍人会があってね、大手を振って歩いていた。僕が中学校に入るころです。戦争中に町を威張って歩く人が何人かいて、その人たちが在郷軍人でしたね。我が世の春みたいな顔でのっしのっし歩いていた記憶がある」

下伊那郡連合分会総会記念（飯田市歴史研究所　所蔵）

長野県佐久市を訪ねたのは二〇一七年（平成二十九）十二月下旬だった。長野県の在郷軍人会を研究してきた神戸大学名誉教授の須崎愼一《すざきしんいち》さん（七十一歳）に会うためだった。

須崎さんは、会員三百万人という在郷軍人会の存在を次のように言い表した。

「今でも消防団に入らないと地域の社会で地位を得られないみたいなところがありますが、それと同じように、当時は戦争に参加して帰ってこないと一人前扱いされないような社会です。男子の三分の一の有権者を組織する帝国在郷軍人会は昭和期には非常に大きな存在だったと思います」

在郷軍人会は一大組織ではあったが、規約で軍人の政治不関与を規定していた。須崎さんによれば一九二九年（昭和四）の「帝国在郷軍人会業務指針」には「本会ノ勢力ヲ利用シ若クハ本会ノ名義ヲ藉《カ》リテ政治上ニ干与スベカラ

須崎愼一さん

ズ」という会長訓示も明記されていたという。

「軍人は政治に関わっちゃいけないと、政治関与を認めていなかった。在郷軍人会を作る前は陸軍内部が分裂していましたから。山県有朋派に対して反山県派が動くというような。それを抑え込むために「政治に関わらず」と非常に強く言うわけです。政治的に動かれたら大変だと」

ところが、長野県では、五・一五事件直後の一九三二年（昭和七）五月二十九日、在郷軍人会幹部だった中原謹司《なかはらきんじ》ら下伊那地方の有志が中心になって政治団体「信州郷軍同志会」を結成している。在郷軍人会の歴史上かつてない出来事だった。

須崎さんは、大恐慌で高まる軍縮論に危機感を抱いた陸軍中央の関与を指摘する。

「東京の陸軍中央で政治活動をしていた古思了《こしりょう》という人物が一九三一年八月に松本連隊区司令部付に左遷されました。そこで彼は、松本で郷軍団体の全国的モデルを作ろうと考え、管下の在郷軍人に向かって軟弱外交排撃、国論の喚起統一のために決起するよう呼びかけた。一九二〇年代の軍縮でクビになった職業軍人も多いので、軍備拡張を政界で応援できる組織を作りたいと。信州は一番大恐慌の被害を受けてますから、過激化し始めた在郷軍人会の幹部を使って政友会、民政党のような既成政党を打破し、軍部が思い通りにできるような政治状況を作りたいと考えていた」

須崎さんが生前の古思氏に取材したところ、東京の在郷軍人会本部は「政治不関与」を理由に長野での動きを危惧していたが、古思氏が関係上司の了解を得るため奔走し、信州郷軍同志会は誕生した。発会式には陸軍省整備局長林 桂《はやしかつら》中将、軍務局の池田純久《いけだすみひさ》中佐も臨席したという。

陸軍中央の思惑もあり誕生した信州郷軍同志会。その攻撃の的になったのが桐生悠々の評論記事だった。

郷軍同志会との交渉は難航した。信濃毎日新聞社が一九七三年（昭和四十八）に発行した『百年の歩み――信濃毎日新聞』はこう記している。

もしも信毎がつぶれることにでもなったら、信州の文化はどうなるのか。数百の社員と、そのうしろにいる家族の生活は一体どうなるのか。さりとて、伝統ある信毎の権威において、そう簡単に、無謀な軍人たちの要求に屈するわけにはいかなかった。かくて、八方に話し合いの手だてをつくしながら、信毎に苦慮の日々が続いた。

これを見て、桐生自ら謹慎を発表、しばらく社説の筆を絶ち、三沢（編集局長）もコラムの執筆を中止した。

悠々の「評論子一週間の謹慎」は一九三三年（昭和八）九月八日の「評論」欄に掲載された。

「関東防空大演習を嗤う」の一文が偶《たまたま》一部世人の間に物議を醸したのは、私たちの実に意外とするところであると共に、恐懼《きょうく》に堪《た》えざるところである。

なぜ恐懼に堪えないかといえば、これより先き、陛下には畏《かしこ》くも、この大演習の関係者に対して、御沙汰書《ごさたしょ》を賜わり、この挙の重要なる旨を、宣《のたま》わせられたのであった。それを我《わが》評論子が論評したからである。

たとい、この御沙汰書が一般国民に下し賜ったものではなく、単にこの演習に参加したものに賜ったものであったとしても、従って、私たち一般国民が不幸にしてこれを見落したとしても、新聞当局者として、既にこれを紙上に掲載した以上、その責任を免るることができない。この意味に於て、そしてこの意味に重きを措《お》く限り、評論子は、謹慎の意を表する為《ため》、ここに一週間は、しばらく筆を絶つ。

悠々は天皇が御沙汰書を賜わった演習を論評したことに対して恐懼し謹慎すると述べ、郷軍同志会の圧力に屈したわけではないことを言外に伝え、自らの主張は一切撤回しなかった。
しかし、悠々が再び、信濃毎日紙上でペンを執ることはなかった。関東防空大演習を嗤った四十日後、信濃毎日は悠々の退職を発表したのだ。

謹告

八月十一日本紙朝刊に掲載せる関東防空演習に関する論説は不注意に出づとは乍中《もうしながら》結果於て不謹慎に陥り恐懼に不堪依《たえずよ》つて筆者桐生政次は自から退職し編輯長三澤精英は編輯上の責を負ひて一週間謹慎し常務取締役小坂武雄亦《また》監督不行届の責を負ひ謹慎して以て恐懼の意を表す　信濃毎日新聞社

【一九三三年（昭和八）九月二十日】

当時の常務小坂武雄《こさかたけお》（後に社長）は戦後、電通の「五十人の新聞人」の中で次のように書き残している。

中央紙の斬り込みと、不況によって経営が極度の苦境に立っているとき、八万郷軍の不買同盟をもっておびやかされるに抗し得ず、屈辱的な終結を告げるに至った。十月の何日であったか、最後の妥結をして、終列車で松本から帰る時、姥捨《うばすて》の車窓から眺めた皎々《こうこう》たる明月の光は、私の全身を冷たくするように覚えた事を、今もなお忘れることができない。

防空演習を「嗤った」ため、新聞社を追われた桐生悠々。しかし、須崎さんは防空演習の記事は、郷軍同志会の言いがかりに使われたと見ている。

「防空演習なんて言っても、神戸ではね、神戸市が真っ暗になるから、摩耶山《まやさん》に行って観ましょうみたいな、防空演習を遊び的に捉える記事が平然と載ってますから。これは明らかに口実に使われたと見ていいと思います」

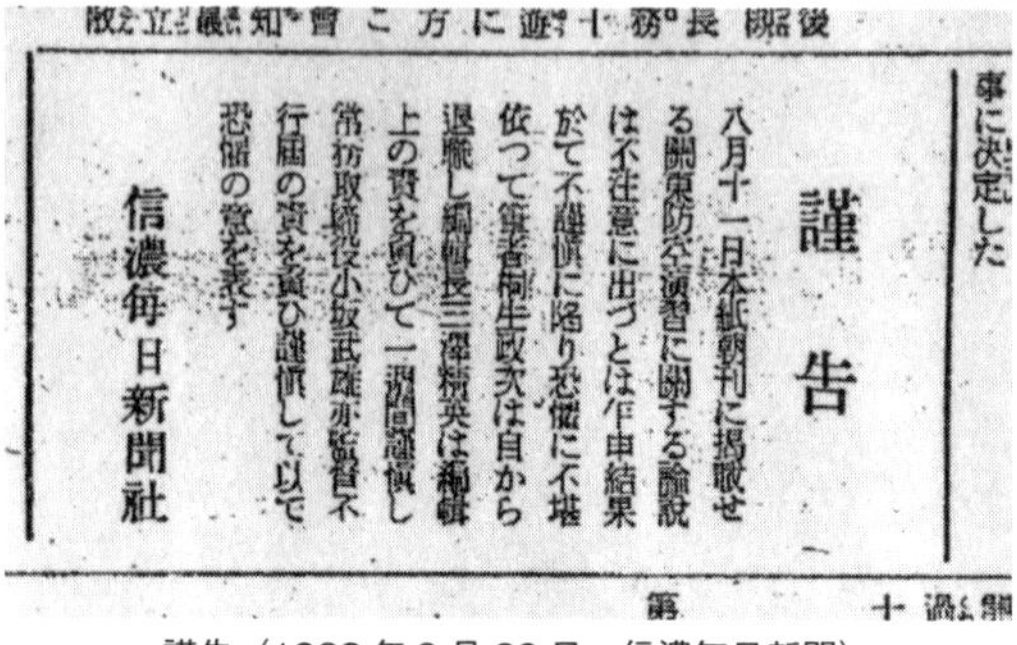

謹告

八月十一日本紙朝刊に掲載せる関東防空演習に関する論説は不注意に出づとは乍申結果に於て不謹慎に陥り恐懼に不堪依って筆者桐生政次は自から退職し編輯長三澤精英は編輯上の責を負ひて一週間謹慎し常務取締役小坂武雄亦監督不行届の責を負ひ謹慎して以て恐懼の意を表す

信濃毎日新聞社

謹告（1933年9月20日　信濃毎日新聞）

須崎さんが指摘する神戸の訓練とは、一九三二年（昭和七）七月の神戸市防空演習と一九三四年（昭和九）七月の近畿防空大演習を指している。

確かに、神戸市防空演習の前日には神戸新聞が「防空演習と天幕村　絶好の展望台　大神戸の

備えを一眸《いちぼう》に俯瞰《ふかん》　摩耶の持つ誇り」と見出しを打って、摩耶ケーブルが乗客の増加に備えているると報じている。また、近畿防空大演習では神戸新聞社が見物会を主催して告知までしていた。

防空演習の実況は　摩耶山上の展望が随一
摩耶山納涼場
天幕村宿泊料昼間二十銭　夜間五十銭
本社主催
【神戸新聞　一九三四年（昭和九）七月二五日】

近畿防空演習来る
二十六・二十七日はぜひまや山天幕村国際納涼場へ
阪神十余里を一眸に収め飛行機の空襲、燈火管制、防護演習が手に取る如く見られる
二万人様以上楽に観望出来ますが両日共午後七時半迄に来場下さるが御便利です
主催　神戸新聞社
【神戸新聞　一九三四年（昭和九）七月二十六日】

特に近畿防空大演習は悠々の筆禍事件の翌年である。批判は許さなかった軍部もお祭りムードの醸成には寛容だったのだろうか。各地で繰り返された防空演習は果たして何のためだったのかと拍子抜けする。須崎さんが防空演習の本質を指摘する。

「防空演習というのは空襲の恐怖を煽って国民を動員するための道具なんです。日中全面戦争が始まった後も「中国が空襲してくるぞ」という話をばらまくんですよ、軍は。ところが戦争に対する国民の支持が高まってくると、そういう煽動はしなくなる。安倍政権が実施した北朝鮮ミサイルの避難訓練と非常によく似てるんですけど、危ないぞ危ないぞ、と動員する」

その上で須崎さんは、郷軍同志会の真の狙いは桐生悠々ではなく、信濃毎日新聞の言論統制にあったと見ている。背景にあるのは筆禍事件と同じ年、一九三三年二月四日に摘発された「二・四事件」だ。

「二・四事件」は内務省と長野県特高課が県内の日本共産党とその傘下組織に所属していた労働者、農民、教員ら六〇八人を治安維持法違反の容疑で検挙した事件で、現在は当局のでっち上げだったと判明している。しかし、検挙者のおよそ四割二三〇人が教員だったため「長野県教員赤化事件」とフレームアップされた。

「当時の長野県は大恐慌の後です。手の白い人間、例えば学校の先生に対する農民の反発が非常に強い。それをうまく利用して、やつらは何も労働しないで共産党の活動をしていると、インテリへの反感を煽っていった。県民の雰囲気ががらっと変わりました」

須崎さんの調査によると、この事件後、信州郷軍同志会の中原謹司はその手帳に「地方通信の記事の見出しが反国家反軍的」で「信州文化サークルの中心」になっており、信濃毎日新聞は「信州赤化の責の大半を持つもの」と記していた。

そして、筆禍事件が起きた直後の九月十八日には信濃毎日新聞が松本憲兵隊長の仲介で郷軍同志会に謝罪し、次のように誓約したという。

「信濃毎日新聞は国策遂行思想善導に更に一層の努力を傾注する事」
「学芸欄に於ける選択に関しては国家思想を基調とする事」

この誓約の具体案は、十月一日の夕刊一面で社告として示された。

明るい大信州の建設へ!
非常時爆撃の陣頭へ

見よ本紙の大躍進！
軍事、産業並びに一般家庭へ捧げる
国策支持の十大プラン
信濃毎日新聞社

本紙に於きましても、此《この》急激な情勢の動向に順応しつつ、最も正確なニュースの報道に努めて参ったのでありますが、改めて此危局に際し編輯上の根本方針を天下に宣明して、県民各位と共に一致協力、全面的に国策を支持しつつ、非常時の打開と大信州建設に向かって一大飛躍を期することとなりました。

【信濃毎日夕刊　一九三三年（昭和八）十月一日】

「信濃毎日新聞が一面で言明した国策支持の十大プランの一つが「新設・軍事常識講座」で、こういう風に軍部を支持していくことになりました。そして、これを機に全国の多くの新聞が軍事欄とか国防欄とかを設け、退役した陸軍将校たちが新聞に執筆するようになりました。だから、桐生の事件は、軍部がメディアを抑えていくための一つの大きなきっかけになったと見ていいと思います」

須崎さんはそう話し、事件の教訓を口にした。

「ナチスに抵抗したニーメラーという牧師が「端緒に抵抗せよ」と言っています。最初に抵抗しないと、ある所まで行ってしまうと、もう間に合わないと」

信濃毎日新聞の丸山貢一論説主幹も、悠々の筆禍事件以降の影響を重く見ている。

「戦時中の信毎は「言論報国」という言葉をスローガンにしました。そして挙社一丸の「新聞奉公」、これを社員全員で誓い合って、ある意味では国策と一体化して飲み込まれていく。私なりに考える教訓は二つあります。一つは桐生悠々のような偉大なジャーナリストが一人でいくら頑張っても孤立無援になってしまえば、結局巨大な権力の渦の中にいとも簡単に飲み込まれてしまうということ。二つ目は、一旦戦争というものに向けて大きな歯車が動き出してしまうと、そこでいくら正論を主張し異議を申し立てても遅い。なかなかそれに歯止めをかけるのは困難だということを示していると思います」

新聞社を追われた悠々だが、すんなりと引き下がったわけではなかったようだ。太田雅夫氏の著書『評伝　桐生悠々』には、同じ金沢出身で旧制四高の同窓でもあった阿部信行《あべのぶゆき》陸軍大将（後に首相）の紹介を得て陸軍省新聞班長を訪ね、「論説のどこが悪いか指摘せよ！　私と同様の意見を海軍将校が講演しているのに、私だけを責めるのは矛盾しているではないか！」と詰問し、興奮のあまり、「私は貧乏だが、これでも士族である！」と啖呵《たんか》を切って引き揚げた、とある。

そして後年、悠々は、当時得た教訓を次のように回顧している。

この論文が、新聞紙法にいうところ秩序紊乱《びんらん》でないのは、固《もと》より論を俟《ま》たぬところであるが、余程当時の軍部の癪《しゃく》に障《さわ》ったものと見え、彼等《かれら》は非合法的に、私自身というよりも、私の勤務している信濃毎日新聞社に対して、生命的なる圧迫を加え来った。

私は、これに対して争うべく多くの理由を持つと同時に、また決死の勇気を持っていたが、一に累を恩ある新聞社に及ぼすことを虞《おそ》れて、退社の辞を新聞紙上に掲載することもなく、みずから責を引いて同社を退社して孤影《こえい》悄然《しょうぜん》として名古屋に帰臥《きが》したのであった。

当時、私がこれによって与えられた教訓は彼等と戦うには組織ある力を以てすることが不可能であり、結局、単独の力を以てしなければならないということであった。何ぜなら、組織ある力を以て、これと戦えば彼等は必ずそのヴァイタル・シートに向って攻撃を加え来るからである。

【「他山の石」一九三六年（昭和十一）六月五日】

「ヴァイタル・シート」とは生存基盤、生活権といった意味か。この時、悠々六十歳。組織を追われた新聞人は、ペン一本を武器に、抵抗を続けることになる。

第三章　「だから、言ったではないか」

新聞記者の妻　かく語りき

関東防空大演習を「嗤った」ため、信濃毎日新聞を追われた桐生悠々。彼には十一人の子どもがいて、退社した一九三三年（昭和八）当時、まだ育ち盛りの子どもが六人もいた。

悠々の妻、寿々《すず》は悠々と同じ旧加賀藩士の家に生まれ、悠々より十四歳年下だった。経営者と対立して新聞社を転々とし、ついには軍部の圧力で新聞界を追われた夫。それでも、その境遇を受け入れ、生活苦に直面した大家族を支え続けた。戦後、孫の桐生浩三さんの聞き取りに答えた証言テープが残っている。

「自分の父親が「偉くなれ」と遺言に言ったけども、親父の言葉を真に受けて、偉くならんなん、偉くならんなんと思って勉強したけども、大概みんなの邪魔者になって。クビになって「お前、明日から出るに及ばず」やわな。引っ越しだって、引っ越しのお金は自分で一文も出さん。辞めるときは喧嘩して辞めるから金は持ってこないわ。むしゃくしゃすると体を壊すような酒の飲み方。酒飲めんのに飲む。体壊したら今までの苦心が水の泡だから、どうか犬死にさせんようにと気を配りました。おばあさんも一旦夫と決めたら、どうしたら支えていけるか苦心しました。借金してやってんだからな」

権力の言論抑圧に敢然と戦い、軍部の圧力にもペンを曲げず新聞界を去った悠々だが、妻・寿々の言葉を通してみると、途端に人間味が増すから不思議だ。

「あれは学者だな、おじいさんは。人と話すのが大嫌いで。おばあさんがお客さんにお茶持っていくと「お前が出るから客が長引いた。もう出るな」と。「そんな暇あったら本読みたい」と。本当にお客さん嫌いで困りました。子どもも多いですから、汚い話ですが便所がいっ

信濃毎日退社直前の家族写真
（右から２人目が妻・寿々　金沢ふるさと偉人館　所蔵）

ぱいに溜まる。捨て場に困ってね、近所の空き地を借りて、それを持っていく。「これだけのうんこ、食べたから出るんだな、よく生活できるもんだ」と、うんち眺めながら感嘆してるんやわ。世話になった人にイモを持っていったら、もらったおばあさんが私に「あんたのご主人はおかしな口上をした」と。「何ですか?」と聞いたら「これは私の作ったイモです。家中の者がうまいと言いますので持ってきました。どうぞ」と。「他人の所に持っていくのに自分で作ったものを褒めるなんて珍しいお方ですね」と。その話をお父さんにしたら「西洋ではそう言う。自分がうまいと思うから、人にもあげたらうまかろうと思う。日本とは言い方が違うだけで、何もおかしくないじゃないか」って」

「桐生先生、桐生先生」と頼られて知人の借金の保証人になり、案の定、肩代わりする羽目になったこともあった。その時の悠々の言葉がふるっている。

「『もうハンコ押すのはこりごりだと言い訳できるようになったからいいじゃないか。今度ハンコ押してくれと言われたら、押さんだけのこっちゃ』と。借金の保証人に頼られるとは偉いもんになったと本人は喜んでました。どこまでタワケか善人か分かりゃしない」

しばらく妻の辛口批評が続いたので、ここで悠々にも弁明の機会を与えたい。晩年に自分の生き方を綴った文章がある。

彼は足軽の子に過ぎなかったが、侍《さむらい》の子であるという自覚から、少青年時代から金銭の事を口にすることを嫌った。又これを嫌うべく、何処《どこ》からともなく教え込まれた。そして意とするところのもの、意としなければならなかったものは、公に奉ずることであった。社会に奉仕することであった。だから、彼は学校生活を終って、社会生活を営んだときには、常に一個人の利害関係を抑えて、自己の属する団体の利害の為に働いた。……彼は彼の記者生活四十年を顧みて、誇とするところのものは唯《ただ》これのみである。否、彼はこの理想に生きんが為《ため》、官吏《かんり》生活にも、実業家の生活にもあきたらず、それは唯六カ月間だけこれを営んだだけであって、倉皇《そうこう》としてこれを去り、そしてその全半生を記者生活に捧げたのであった。

彼は大学において経済学を学び、貨幣が交換の媒介物であること、交換の媒介物に過ぎないことを知って、ますます彼の理想を正化した。これを貯蓄するの愚をますます悟った。自由主義、資本主義華やかなりし時代において、彼は友人が、世人が滔々《とうとう》として利に、又は権勢に赴くことを尻目にかけつつ、赤貧《せきひん》洗うが如き記者生活に甘んじて、一意《いちい》文章報国に向って邁進《まいしん》し来った。

【「他山の石」一九四一年（昭和十六）六月五日】

赤貧を堂々と誇る悠々に拍手を贈りたくなるが、家族はたまったものではなかったろう。寿々の回顧談はそれだけで一冊の本になりそうなので、ここで一旦措く。

個人雑誌「他山の石」を発行

信濃毎日新聞を退社後、桐生悠々は、新愛知新聞時代に住み慣れた名古屋へ移り、一九三四年（昭和九）に会員制の個人雑誌「他山の石」の発行を始めた。内容は、外国の最新書籍の紹介と時事論評だった。再び太田雅夫著『評伝　桐生悠々』によると、会員読者は三百～四百五十人前後で、名古屋の財界、知識人を中心に、東京、大阪、長野、金沢などに散在していた。尾崎行雄、芦田均、風見章、永井柳太郎、浜田国松ら政治家をはじめ、松永安左エ門、岩波茂雄といった経済・文化人、そして、徳田秋声、安宅弥吉、小倉正恒、小幡酉吉《ゆうきち》ら金沢ゆかりの人たち

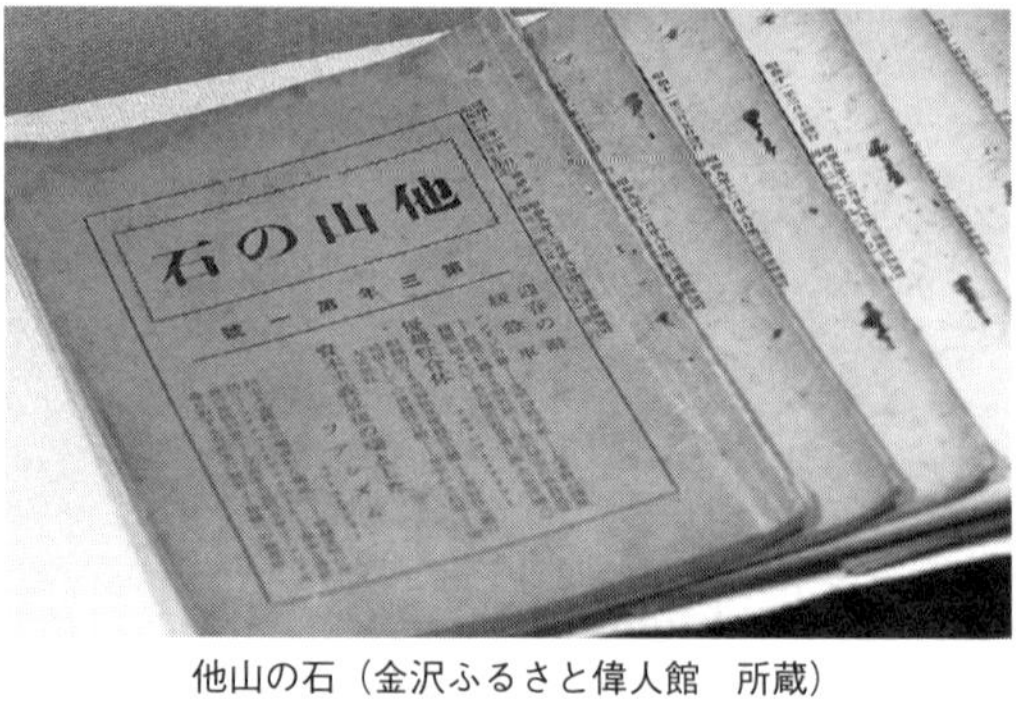

他山の石（金沢ふるさと偉人館　所蔵）

が読者になり「他山の石」を支えた。

悠々の評伝を著した作家の井出孫六さんは、当時の悠々の心境を慮ってこう話す。

「今でもそうですけど、日本のジャーナリズムというのは非常に冷たい。受け入れてくれないところがあって、自分でやるより仕方がないと思ったんでしょう。普通、こういう雑誌を作ろうなんて思わないいんじゃない？　組織の中の一員としていれば何となく動いていく。僕だってかつてはそういうところがあって、中央公論社に十年いたんですけど」

井出さんは東京大学文学部を卒業後、学校教員を経て、中央公論社に入社した。そして嶋中事件に遭遇した。一九六一年（昭和三十六）、深沢七郎《ふかざわしちろう》氏の小説『風流夢譚《むたん》』が皇室を冒瀆しているとして、右翼団体の日本愛国党員が中央公論の嶋中鵬二《ほうじ》社長の自宅に押しかけ、家政婦の女性を刺殺。嶋中夫人にも重傷を負わせた事件だ。

「その時は出版部にいました。右翼の赤尾敏《びん》が『風流夢譚』はけしからんと編集室に押しかけてきたことがあった。家政婦の女性が殺されて、嶋中社長の奥さんが大けがをさせられて。すごくリアルに危機感を覚えました。嶋中さんとも社長室で話したことがあった」

中央公論社を退社し、十年かけて書き上げた桐生悠々の評伝。身を以って体験した言論テロへの危機感が、井出さんをして悠々を描かねばならないという思いに駆り立てたのかもしれない。

さて、時代を一九三四年（昭和九）に巻き戻す。名古屋市守山に居を移し、「他山の石」の発行を始めた悠々。昼間は大家族を養うために農作業や釣りに出かけ、夜は二階の書斎にこもって軍部の暴走を批判するペンを走らせた。

……人は最近の戦争によって、何時《いつ》までも野蛮であってはならないことを痛感した。にも拘《かかわ》らず、喉もと過ぐれば熱さを忘れて、今や復《また》この野蛮を繰返さんとしている。だから、有卦《うけ》に入っているものは、軍人であり、武人である。軍人、武人でなくば、彼等は人にあらずとすら考えているらしい。少なくとも、彼等以外には、忠君愛国者は一人もいないと考えているらしい。

政治家は、行政家は、特に最近には、頻々として暗殺された。だが、佐官以上の軍人は戦争があっても戦死することが少い。少将以上に至っては、その生命が、確実に保障されている。生命が保障されているから、久しきに亘って、その意見をも実行し得る。この点政治家は如何にも運が悪い。折角《せっかく》総理大臣になって、これからの経綸《けいりん》というときに、ズドンと一発食って、敢《あえ》なき最期を遂げさせられる。軍人や、司法官が時めく時代、それは決して感心すべからざる時代である。だから、今日を非常時というのだ。

【「他山の石」一九三五年（昭和十）五月五日】

本年は日露戦争三十周年に当るということで、到るところに当時が回顧されつつある。だが私たちは、彼等軍人諸君の如く、日本の陸海軍を以て、さほどにまで強いものとは、不幸にして思えない。曽《かつ》て蒙古《もうこ》海軍によって攻められて、これを破ったと同様、日露戦争における日本の勝利は天佑《てんゆう》としか思われないのである。

先ず陸戦において、奉天《ほうてん》会戦以後に、尚《なお》も戦争を継続していたならば、日本はこれが為《ため》に思わざる不幸を見たであろうことは、陸軍当局と雖《いえど》も、これを認めているに相違ない。当時ルーズベルトが中に立って、ポーツマスの講和条約を見得たのは一大天佑であった。

次に、日本海海戦についても、また同様のことがいい得られる。バルチック艦隊が、途中、中立国に寄港し、給炭、給水に散々の苦労をしながら、ヘトヘトになって対馬海峡に現れたとき、一撃の下に爆沈し得たのは、地理の恩恵に基く一大天佑であった。

こうした天佑を忘れて、夜郎自大《やろうじだい》の弊《へい》に陥り、我軍の向うところ敵なしと思い込み、その結果として、近時《きんじ》見るが如く、外に対しては謙譲の徳を無視し、内においては、ファシズムの蛮勇《ばんゆう》を振《ふる》い、明治大帝の自由主義、民主主義をも蹂躙《じゅうりん》せんとしつつある。彼等が上りきったと思うところの地点は「将来」の高処から見れば、下り坂であることを、彼等は知らないのである。

【「他山の石」一九三五年（昭和十）五月五日】

日露戦争の十年後、一九一四年（大正三）に第一次世界大戦が勃発した。日本は日英同盟の集団的自衛権を半ば強引に発動して、中国・青島のドイツ租借地を占領。翌年、中華民国の袁世凱大総統に対し「対華二十一カ条要求」を突きつけた。これは中国の主権を大幅に制限する内政干渉の要求で、中国はもちろん、中国に利権を持つ欧米列強の反発、不信を招いた。その後、一九三一年（昭和六）の満州事変と二年後の国際連盟脱退で日本の孤立は決定的となる。「非常時」を煽り、暴走を強める軍部を、悠々は「夜郎自大」と指弾したのだ。

世界を見て、日本を知る

私が「他山の石」を読んでいて瞠目《どうもく》した評論がある。一九三五年（昭和十）五月二十日号に掲載された「第二の世界戦争」だ。

ナチスはかくしなければ、即ち理不尽にも対外硬を唱えて、国民の敵愾心《てきがいしん》を煽らなければ、その権力を維持し能わないが故に、ヴェルサイユ条約を無視して、徴兵制度を復活し、今また海軍を復活せんとしつつあるのは、衷情《ちゅうじょう》寧ろ憐れむべきものがあるにもせよ、ヴェルサイユ条約が余りにも不公平であり、敗戦国をして永久に敗戦国たる運命を甘受《かんじゅ》せしめんとする残酷なるものなるが故に、同条約の下に各国が軍備を制限せず、軍縮の名の下に却って競争的に軍拡を実行しつつあればこそ、こうした結果を招くに至るのは、当然である。

そしてこれがために脅かされるのは、独り宿縁的なるフランスのみならず、イタリーも、特にイギリスの如きはその海軍復活によって著しく脅かされつつある。更にその隣国たるソヴェート・ロシアすらも、またドイツの海軍復活に脅かされて、バルチック艦隊を復活せんとすと伝えられる。かくしては、ヨーロッパは今復《ま》た第二の戦争によって脅かされつつある。啻《ただ》にヨーロッパのみならず、アメリカもまたこれに脅かされて、世界に無比なる海軍を創造せんとしつつある。……第二の戦争によって脅かされているものは、独りヨーロッパのみならず、全世界が挙げてこれに脅かされているといわねばならない。無論日本もその中の一大役割を引受けて。

だが、この場合、私たちの戦慄に堪えないのは、第二の世界戦争は、第一のよりも、著しく残酷であり、非人道的であって、非戦闘員を引きくるめての、そして文字通りの各国国民を挙げての絶望的戦争であるだろうことである。各文明国における人類は、これがために、或は終焉の悲劇を見るかも知れないとすら思われる。

だが、私たちは、この場合、却って楽観論者であって、寧ろ驚くべき近代的武器の発達のために、この第二の世界戦争によって、将来戦争は戦われ得ないことを、少なくとも戦われてならないことを、人類が最も痛切に感ずる時期が来るだろうと思う。…だから第二の世界戦争が若しも戦われねばならないとするならば、ヨリ速《すみやか》に戦われるべきことを希望する。かくして後にこそ、人類は初めて野蛮人の境遇を脱し、各個人は些《いささか》の懸念もなくして文明、文化の恩沢に浴することを得るであろう。但し、この過渡期にある私たちの運命ほど悲惨にして、残酷なものはない。

欧米各国の事情を分析した上で、第二次大戦が勃発する四年前にその可能性に警鐘を鳴らしていたのだ。また「驚くべき近代的武器の発達」という表現で核兵器の登場を予感させ、さらに戦後の軍縮までをも見通していたように見える。

分析を支えたのは旺盛な外国書籍の購読にあった。「他山の石」は発刊当初「名古屋読書会報告」と名づけられ、海外の思想や知識を紹介する外国書の翻訳解説がメインだった。

井出氏の前掲書『抵抗の新聞人　桐生悠々』からそのラインナップを紹介すると、ハロルド・ラスキ『国家の理論及び実際』『平和の経済的基礎』、G・D・H・コール『世界経済の動向』、オーエン・ラチモア『衝突の揺籃・満州』、W・マクドゥーガル『混沌たる世界』、G・スタイン『「日本製」の脅威』『関東軍と満州国』、W・H・チェンバレン『極東の巨人・日本』『米国人の観た日本人』、J・A・スペンダー『イデオローグ時代』、ポール・ヴァレリー『狂気に対する理性の戦い』、ノーマン・エンゼル『戦争廃止の教育的及心理的要素』、F・A・リドレー『民主政治と独裁政治』、A・プランマー『植民地分配論』、G・ビーンストック『支那と列強』、H・G・ウェルズ『世界の新秩序』、E・J・ヤング『強くして弱き日本』、P・ティルネー『誰が此戦争に勝つか』、R・デイヴィス『一九六〇年の日常生活』など注目すべき外国文献が抄訳されており、八年間で百冊を超えた。井出氏はこう記している。

悠々は丸善に足を運んで、新着洋書を物色し、欧米の新知識に目をやり、とりわけ欧米から見た日本の評判というものに目を配った。満州事変をきっかけとして国際連盟を脱退するや日本は急速に国際的孤立化の道を歩み、大新聞からも、日本が国際場裡でどのような目でみられているかを判断する材料がかげをひそめ、昭和十年代になれば、情報の〝鎖国化〟〝一ツ目小僧化〟は日を追って顕著となっていく中で、欧米のアジア並びに日本を見る〝目〟

に心を配り、複眼の視座をよびもどす必要があったのだ。

かつての盟友・徳田秋声の抵抗

そんな桐生悠々の消息が、雑誌『文藝春秋』の一九三四年（昭和九）十二月一日号に描かれている。

悠々氏は、最近信濃毎日で、『防空演習を嗤う』という論説で筆禍を買って、今は又た名古屋の守山に引込んでしまったが、有名な読書家で、今でも新刊書をどしどし買い込んで、それを翻訳して、パンフレットで会員に配り、益々新思想を拡げることに熱心だそうだが、勿論当代一流の評論家で、田舎に引籠っているのは、何とも惜しいと思うのであるが、私が最初の文学的生活のスタアトを切ったのは、この悠々君がその相棒だったのである。

（徳田秋声『思ひ出るまゝ』）

筆者は悠々のかつての盟友、徳田秋声だ。

小説家を目指して悠々とともに上京し、尾崎紅葉に門前払いされた秋声。悠々が帰郷して復学した翌年、秋声も金沢に戻り自由党機関誌の編集に関わり、その後、新潟県長岡市の「平等新聞」記者をしながら執筆活動を続けた。そして一八九五年（明治二十八）に再び上京。同郷の泉鏡花の勧めで改めて尾崎紅葉を訪問し、門下に入った。

翌年、「文芸倶楽部」に「藪かうじ」を発表し文壇デビューを果たすと、一九〇〇年（明治三十三）に「読売新聞」に連載した『雲のゆくへ』が好評を博し、以後、『新世帯《あらじょたい》』『黴《かび》』『あらくれ』などを発表。弱者の視点から庶民の生活をありのままに描く作風で、自然主義文学の代表的作家としての地位を固めた。

しかし、昭和に入り、軍国主義の足音が高まる中、文学界を統制する動きが出てくる。吉野孝雄著『文学報国会の時代』（河出書房新社）をもとに当時の状況を素描したい。

桐生悠々が筆禍事件で信濃毎日新聞社を追われた翌年の一九三四年（昭和九）三月、内務省の松本学警保局長名で秋声に「文芸懇話会」開催の招待状が届いた。懇話会は三月二十九日夜、日本橋の偕楽園で開かれ、同席した広津和郎《ひろつかずお》の記憶では島崎藤村、佐藤春夫、吉川英治らの顔もあった。そして冒頭、松本警保局長は次のように挨拶したという。

「今夜皆さんにお集まりを願いましたのは、ほんの私の個人的な気持ちからですが、由来日本の文学というものに対して、日本の政府は冷淡に過ぎたと思うのであります。政府はもっと文学を大切にしなければならないと思うのであります。文学に対しましても、政府は当然文芸院を作り、それを大切にしなければならないのが当然であると思うのであります。そこでこの会合を後に政府が文芸院を作るまでの準備として、私設文芸院と名づけたいと思うのでありますが、皆さんの御意見は如何でしょうか」

これに対し、黙って話を聞いていた秋声がすかさず口を開いたと、広津は回想している。

「日本の文学は庶民の間から生まれ、今でも政府の保護などうけずに育ってきましたので、今更《いまさら》政府から保護されるなんていわれても、われわれには一寸《ちょっと》信用できませんね。それに今の多事多端《たじたたん》で忙しい政府として、文学など保護する暇《いとま》があろうとは思われませんよ。われわれとしては、このままほって置いて貰《もら》いたいと思いますね」

秋声は「文芸院なんて、そんなものに祭り上げられるとなったら、僕だって考えなければならない」とも述べ、「文芸院」という名前にも反対したという。秋声ら純文学派の作家には言論統制の動きには反対の思いがあり、結局「文芸懇話会」という名称に落ち着いた。

金沢市にある徳田秋聲記念館学芸員の薮田由梨さんは、秋声の立脚点をこう解説する。
「秋声は特権階級や派手な人に着目して書くのではなく、身の周りに普通に生きている人たちをありのままに書く作風でした。何か感じ方をまとめられるような動きにはすごく反発したと思います。普通の人たちがあおりを受け、普通に暮らしていけなくなるのは秋声の作品の主題にも大きく関わってきますから」

ペン一本で孤軍、時代に抗い続けていた盟友悠々に対し、文壇の重鎮として一家をなした秋声も戦争に対する見方は厳しかったようだ。例えば、一九三三年（昭和八）に雑誌『婦人之友』が掲載したアンケート企画「世界からなくしたいもの」の回答で秋声はこう答えている。

「人種的偏見」
「貧富の差」
「死刑」
「軍備」

また、日中戦争の発端となった盧溝橋事件が起きた直後の一九三七年（昭和十二）九月一日発行の『改造』に発表した「戦時風景」という短編小説がある。戦時下の花柳界を描いた物語で、好意を寄せる女性を置いて嫌々出征する長唄の若師匠・巳之吉が東京駅から戦地へ向かう場面を次のように描いている。


巳之吉は何が何だか解らずに、プラットホームの群衆の殺気立っているのに、頭がぼっとしていた。プラットホームは、国旗の波と万歳の声とで、蒸し返されていた。

「畜生、行けない奴は陽気でいやがる。」

巳之吉は顔の筋肉の痙攣《ひきつ》るのを感じた。やがて列車が動き出した。


「大きな声でものを言える人は自分でやればいいですが、そうはできない人が圧倒的多数です。そういう庶民を普段から見てきた作家ですから、そこへ何か大きな力が加わるというのは作家としても、人間としても抵抗があったのかなと思います」と藪田学芸員。

それぞれのやり方で時代に抵抗した盟友二人。しかし、軍部の暴走は加速していった。

一九三五年（昭和十）二月、退役軍人の貴族院議員・菊池武夫が貴族院本会議場で美濃部達吉

の憲法学説「天皇機関説」を糾弾し、陸軍少将の肩書を持つ衆議院議員・江藤源九郎が美濃部の著作を不敬罪で告発した。

天皇機関説は大日本帝国憲法の下、統治権は国家にあり、天皇はその最高機関として内閣の輔《ほ》弼《ひつ》を得て統治権を行使するという学説だが、退役軍人や右翼団体、右派政治家らは天皇を機関という表現や組織の一部とみなすのは不敬だと批判したのだ。内務省は美濃部の著作『憲法撮要』などを発禁処分とした。帝国在郷軍人会も「天皇機関説排撃」の声明を決議して政府に提出。

攻撃に押され、岡田啓介首相は「国体に関する政府の声明書」いわゆる国体明徴《こくたいめいちょう》声明を二度にわたって発表せざるを得なかった。

現（岡田）内閣の弱体なることは、今に始まったことではないが、軍部というよりも、その細胞たる郷軍に威嚇されて今更あげつらうまでもなく、二千有余年来《らい》理想化され来った「国体明徴」問題に関して、一度ならず、再度まで、分かり切った声明書を発表したことによって、その正体が残る隈《くま》もなく、全然暴露された。

……現軍部内における下剋上《げこくじょう》の情勢しかく甚だしきに至っては、私たちは『国体明徴問題』よりも、『軍人に賜った勅諭《ちょくゆ》明徴』問題を高唱《こうしょう》せずにはいられない。

上官の命令即陛下の勅令たる軍部内において、しかく下剋上の弊風《へいふう》、しかも多数を恃《たの》んで、上を圧するの弊、滔々《とうとう》として風をなすに至るならば、その結果、それこそ国体を破壊しないであろうか。少なくとも、それが戦時に現れるならば、大変なことになりはすまいか。

しかし、彼等はこの「国体明徴」問題を捧げて一木枢相、金森法制局長官を葬り去らざれば、やまんとしている。軍人にして政治に容喙する、これまた軍勅に反《そむ》くことを忘るるもの、武門政治の弊に関しては、今更めて言うの要なく、我歴史は明にこれを指摘している。

「国体明徴」問題を蒸し返すものよ、冀《こいねがわ》くば、脚下を顧みて「軍勅明徴」問題が、そこに転がっていることを省みよ。


【「他山の石」一九三五年（昭和十）十一月五日】


悠々の懸念は、現実のものとなる。

一九三六年（昭和十一）の二・二六事件。

青年将校が千四百人の武装兵士を率いて総理官邸などを襲撃し、政府要人を殺害したクーデター未遂事件だった。

悠々は怒りを隠そうともせず、「他山の石」に叩きつけるように言葉を刻んだ。「皇軍を私兵化して国民の同情を失った軍部」という論評だ。

だから、言ったではないか、国体明徴よりも軍勅明徴が先であると。

だから、言ったではないか、五・一五事件の犯人に対して一部国民が余りに盲目的、雷同的の讃辞を呈すれば、これが模倣《もほう》を防ぎ能わないと。

だから、言ったではないか、疾《と》くに軍部の盲動を誡《いまし》めなければ、その害の及ぶところ実に測り知るべからざるものがあると。

だから、私たちは平生《へいぜい》軍部と政府とに苦言を呈して、幾たびとなく発禁の厄《やく》に遭ったではないか。


【「他山の石」一九三六年（昭和十一）三月五日】

発禁の厄。「他山の石」で悠々が戦い続けた相手は軍部だけではなかった。悠々の生命とも言える言論を取り締まる特高警察の検閲にも抗い続けていたのである。

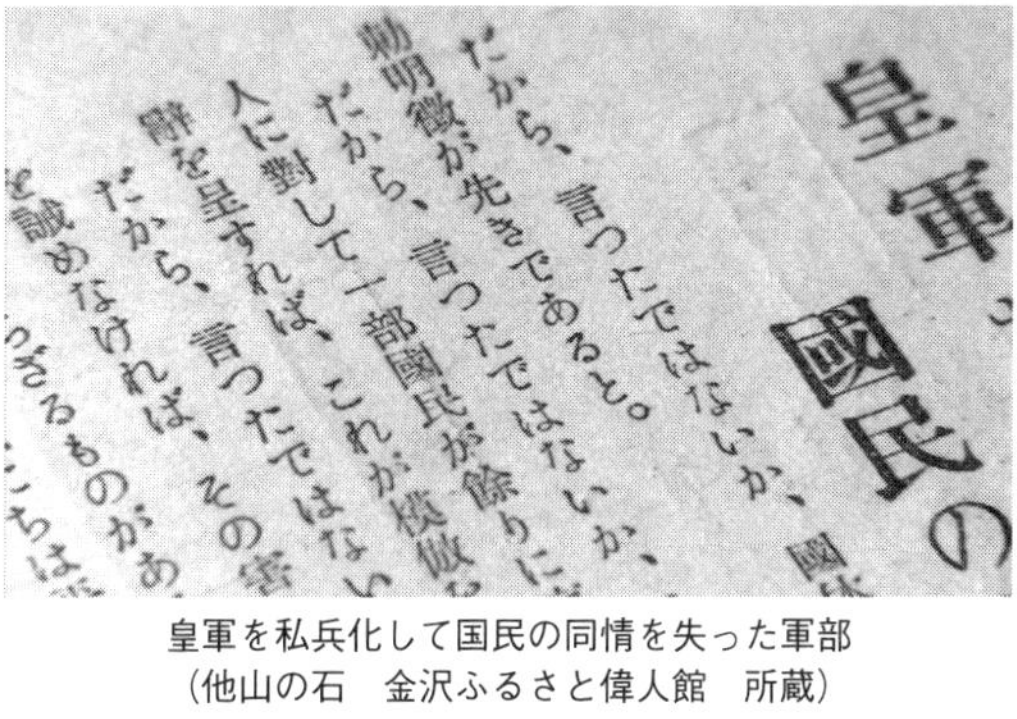

皇軍を私兵化して国民の同情を失った軍部
（他山の石　金沢ふるさと偉人館　所蔵）

第四章　言わねばならないこと

特高警察の検閲に抗《あらが》う

桐生悠々が語った「発禁の厄《やく》」とは、発売頒布《はんぷ》禁止処分のことだ。

戦前の日本の言論は新聞紙法で縛られていた。新聞紙法は日露戦争後の一九〇九年（明治四十二）五月、それまでの新聞紙条例に代わる形で公布、施行された。

政府にとって新聞紙法の最大の眼目は、内務大臣が「安寧《あんねい》秩序を紊《みだ》す」と判断した場合、新聞・雑誌の発売を禁止し、差し押えることができると定めた第二十三条だった。

では「安寧秩序の紊乱《びんらん》」とは何を指すのか。

一九三〇年（昭和五）当時の出版物の検閲基準は十三項目あった。

（甲）一般的標準

（一）皇室の尊厳を冒瀆《ぼうとく》する事項
（二）君主制を否認する事項
（三）共産主義、無政府主義等の理論乃至《ないし》戦略、戦術を宣伝し若《もし》くは其の運動実行を煽動し、又は此の種の革命団体を支持する事項
（四）法律、裁判所等国家権力作用の階級性を高調し、其他甚しく之を曲説する事項
（五）テロ、直接行動、大衆暴動等を煽動する事項
（六）植民地の独立運動を煽動する事項
（七）非合法的に議会制度を否認する事項
（八）国軍存立の基礎を動揺せしむる事項
（九）外国の君主、大統領、又は帝国に派遣せられたる外国使節の名誉を毀損し、之が為め国交上重大なる支障を来す事項
（十）軍事外交上重大なる支障を来す可き機密事項
（十一）犯罪を煽動、若は曲庇《きょくひ》し、又は犯罪人、若は刑事被告人を賞恤《しょうじゅつ》救護する事項
（十二）重大犯人の捜査上甚大なる支障を生じ其の不検挙に依り社会の不安を惹起するが如き事項（特に日本共産党残党員検挙事件に此の例あり）
（十三）財界を攪乱《かくらん》し、其の他著しく社会の不安を惹起する事項

検閲は内務省警保局図書課の下、各府県警察部の特別高等警察部門いわゆる「特高課」があたった。悠々が対峙したのは愛知県特高課だった。

特高警察を長年研究してきた小樽商科大学名誉教授の荻野富士夫《おぎのふじお》さん（六十四歳）。取材に訪れたのは荻野さんが定年退官を間近に控えた二〇一八年（平成三十）一月だった。研究室には検閲の実態を物語る内務省の内部資料があった。「これは検閲について各月の出版傾向や取り締まり状況をまとめたものです」。そう言って見せてくれたのが「出版警察報」の復刻版だった。

「出版警察報」は昭和初期から敗戦までの間、内務省警保局が毎月作成した内部文書だ。検閲で発禁や削除、注意処分を下した出版物をリストアップし、処分の理由を記録している。その狙いについて荻野さんはこう話す。

「検閲のやり方については抽象的な基準はあるのですが、具体的にどの新聞のどの記事、どの雑誌のどの論文が安寧秩序の紊乱に該当するのかを具体的な事例として蓄積していくために、出版警察報が毎月作られたんです」

「他山の石」が初めて発禁処分を受けたのは一九三五年（昭和十）三月五日号の「広田外相の平和保障」という論評記事だった。

日本は支那と戦えば、恐らくは利益するだろう。それすら、欧米列強の干渉を招くことは必然的であろうから、そうはちょっくら彼とは戦い得ないけれども、将来は兎《と》に角《かく》今のところでは、彼我《ひが》戦えば必ず我は勝つだろう。だから、支那と戦争することは賛成だが、アメリカを、ロシアを、向うに廻わすことについては、考物《かんがえもの》だ。何ぜなら、この種の戦争は国運を賭する危険千万な戦争であって、一部階級の職業意識や、名誉心のためそうした国運を賭する一大戦争を敢《あえ》てすることは、暴虎馮河《ぼうこひょうが》の類《たぐい》である。

余りにも近い一大殷艦《いんかん》は世界戦争である。この戦争では、負けた国は勿論の事、勝った国でも、同じく痛い目に会った、そして今尚《いまなお》会いつつある。戦争の馬鹿も、休

荻野富士夫さん

み休み言ってもらいたいものだ。

出版警察報では筆者傍線の部分が「反戦思想誘致の虞《おそれ》あり」として、発禁処分にしたと記している。

そして「他山の石」は、この後も発禁、削除処分を受け続ける。太田雅夫著『評伝　桐生悠々』を参考に、筆者が岐阜大学所蔵の「出版警察報」復刻版を確認したところ、以下の論評記事が発禁、削除処分を受けていた。八年間で実に二十九回にも及ぶ。

●一九三五年（昭和十）

「広田外相の平和保障」……反戦思想誘致　発禁

「逆戻りしつつある時代」……皇室尊厳冒瀆　削除

「運のよい軍人」「天佑の日本」「外人の観た荒木大将と林大将」……皇軍誹謗、対満行動誣妄《ふぼう》　発禁

「国家の再検討」……革命示唆　発禁

「無同情的な皇国的精神」……対支国策曲説　発禁

「むぐらもち内閣と政党」……皇室尊厳冒瀆　削除

●一九三六年（昭和十一）
「強くして弱き日本」……不敬言辞　削除
「一応は歓迎すべき広田内閣」「軍人にも言論の自由を許せ」……軍部誹謗、二・二六事件犯人の賞揚　発禁
「言論自由の再実現」……軍部の行動誹謗歪曲　発禁
「日本のポテンシャリティ」……対満対支国策曲説　発禁
「広田内閣の暗礁」……軍事予算優先権の批判　発禁
「我身を抓《つね》って人の痛さを知れ」……対支政策の誹謗誣妄　発禁
「日支親善の真義」……対支国策を歪曲誣妄　発禁

●一九三七年（昭和十二）
「国防の充実と国民の生活安定」……出先軍部の行動歪曲　発禁
「食逃解散の真相」「上層軍部の劣弱性態度」「五月人形店晒し」……軍部秩序紊乱、軍民離間、不敬　発禁
「治国平天下の前提要件」……反戦思想醸成　発禁

「善かれ悪しかれ我国」……対支方針の批難　発禁
「上海方面の戦場」……反軍思想醸成　削除
「戦時の組合」「出征兵士遺家族の扶助と国家ボーナス」……反戦思想醸成　発禁
「国運を賭するの意味」……我国の弱点暴露、国民の士気阻喪　発禁

●一九三八年（昭和十三）
「日本はどれだけ強いか」……帝国の態度誣妄、国民に不安の念　発禁
「支那に対する我認識不足」……国民の和平機運醸成　発禁
「見透しのきかぬ時局とその結果」……人心の惑乱　発禁
「あさましい国家とこれに巣くう人間」……反戦思想醸成　発禁
「大陸経営の内容如何」……聖戦の誹謗　発禁
「フィロゼラと人間」……社会不安の醸成　発禁

●一九四一年（昭和十六）
「内閣改造と感情問題」……政治不信の念を醸成　発禁
「本当の道に出る」「闇の流行」……不安の念、闇取引肯定　発禁

「拝啓残暑凌ぎ難き候と首記のもの」（廃刊の辞）……政策の歪曲誹謗、政治不信招来　発禁

荻野さんは一九三七年（昭和十二）に処分が相次いだことに注目する。

「昭和十二年八月とか十月に相次いで発禁処分にあっています。ちょうど七月に日中戦争が全面化した直後で、そういうことをストレートに論じたものを取り締まっている。戦時下、戦時体制のための言論統制というのは権力者なら誰でも考えて力を入れてきますので、抽象的基準の具体的な運用がどんどん厳しくなってきますし、かつてはここまでならOKだったものが、社会状況が進んでくると、もっとずっと手前の所までしか許されなくなってきます」

一九三七年（昭和十二）七月二十日発行の「他山の石」。「日支再戦せば」という論評記事は三ページにわたって、ほとんど空白で発行された。日中戦争が始まり、政府が、新たな報道規制を敷いたためだ。

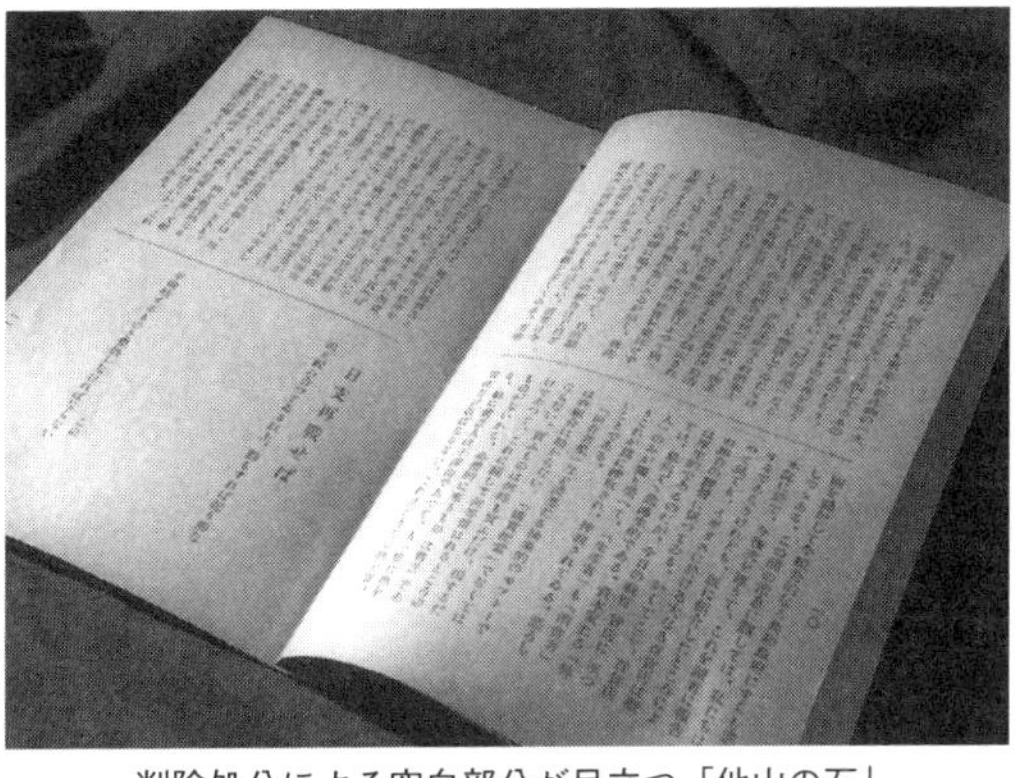

削除処分による空白部分が目立つ「他山の石」
（金沢ふるさと偉人館　所蔵）

しかし、悠々も黙ってはいない。内務省が新聞、雑誌に通達した「記事取扱に関する件」を八月五日発行の「他山の石」に全文掲載したのだ。当時この通達を誌面に掲げ、公然と批判した言論人は、悠々一人だったと言われる。

ここに掲載するその筋の「時局ニ関スル記事取扱方《とりあつかいかた》ニ関スル件」は唯《ただ》新聞紙に送付されただけであって、そして各新聞紙は紙上にこれを掲載しないが故《ゆえ》に、読者は、国民はこれを知らない。だから、私たちは今これを本誌に掲げて、これを読者に、国民に紹介し、報道する。

時局に関スル記事取扱方ノ件

一、事変ニ関スル軍ノ行動等ニ関スル記事取扱ニ付テ事変ニ関スル陸、海軍ノ行動ニ関スル記事取扱ニ付テハ別記新聞記事差止事項ヲ遵守《じゅんしゅ》セラレタシ

二、其ノ他一般治安ニ関スル記事取扱ニ付キテ一般治安ニ関スル記事取扱ニ付テハ左記各項ニ特別ノ留意ヲ払フハ勿論苟《いやし》クモ我ガ国益ヲ害シ又ハ国際信望ヲ毀損《きそん》スルガ如キ言説ヲ為サザル様特ニ自制セラレタシ

（一）反戦又ハ反軍的言説ヲ為シ或ハ軍民離間《りかん》ヲ招来《しょうらい》セシムルガ如キ事項

（二）我ガ国民ヲ好戦的国民ナリト印象セシムルガ如キ記事或ハ我ガ国ノ対外国策ヲ侵略主義的ナルガ如キ疑惑ヲ生ゼシムル虞《おそれ》アル事項

（三）外国新聞特ニ支那新聞等ノ論調ヲ紹介スルニ当リ殊更《ことさら》ニ我ガ国ヲ誹謗《ひぼう》シ又ハ我国ニ不利ナル記事ヲ転載シ或ハ之等《これら》ヲ容認又ハ肯定スルガ如キ言説ヲ為シ延《ひい》テ一般国民ノ事案ニ対スル判断ヲ誤マラシムル虞アル事項

（四）右各項ノ外時局ニ関シ徒ニ人心ヲ刺激シ延テ国内治安ヲ攪乱《かくらん》セシムルガ如キ事項

第二の取扱方、即ち「其ノ他一般治安ニ関スル記事取扱」については、事項は唯抽象的に指摘されているだけであり、しかもその性質は国民独自の判断によらず主として政府の判断によって決定され、特に程度問題を伴う性質のものであるから、動《やや》もすれば違反事件を生じ易い。これ私たちの特に憂うる所以である。

最後に、だが決して最小ではなく、寧ろ最大であるのは、ここに列挙されたる事項が、却って反対暗示を国民に与えつつあることである。問わず語りの弊に陥っているが如きは、私たち国民の最も遺憾とするところである。

特高警察の検閲を受けながらも、悠々は「他山の石」誌上で何度も政府の言論統制を批判し続けた。

ナポレオン三世の暴虐に反抗して、ビクトル・ユーゴーは言った。「剣《けん》筆を殺さずんば筆剣を殺さん」と。少なくとも剣の使い方を矯《た》めるものは、筆の力である。破邪顕正《はじゃけんしょう》の剣は国民の正化（ジャスティフィケーション）を通じて揮《ふる》わしめなければならない。……言論機関をして「軍部」という言語にすら伏字《ふせじ》を使わしつつある今日の世態は、天に口なし人を以て言わしむる真理そのものを抹殺せんとするものである。

【「他山の石」一九三六年（昭和十一）四月五日】

本誌の如き、発行部数極めて少なく、かつ読者がインテリー階級に限られた雑誌では、無批判的なる影響なきが故に、たとい当局において、安寧《あんねい》秩序を紊《みだ》すものと認められるべき論文が掲載されても発売頒布を禁止する必要もない。況《いわん》やこれを差押うることをおや。

上意下達ばかりではなく、下意上達の真の政治への道を、検閲官がその間に介在して壅塞《ようそく》するものと攻撃されても、致方《いたしかた》はあるまい。国民の、民衆の意を知悉《ちしつ》せずしてどうして真の政治が行われるか。

人民の利益、権利から遊離した政治はあり得ない。若しありとするならば、それは政治ではなく、乱治である。少なくとも独治であり、独善である。そしてそれこそは、国家の安寧秩序を紊すものである。

【「他山の石」一九三八年（昭和十三）九月二十日】

記者は経験上、若い検閲官を見る毎に、一種の淡い悲哀を感ずる。なぜなら、これも記者の経験上、彼はその年頃には自由に思索し、自由に研究し、何ものにも拘束されなかったことを思い出して、たとい職業上とはいえ、偏狭なる一種の思想に縛られ、この思想を通して、新聞や雑誌を読むべく余儀なくされている彼らを憐れまずにはいられないからである。「自由の思索、自由の研究、汝《なんじ》の名は青年なり」であって、自由の思索、自由の研究を許されないならば、青年には何の意義も、何の価値もない。彼等は陰惨な検閲室に閉じ籠《こも》って与えられたる命令の下に思索し行動して、あたら青年期を過ごし去る。悲哀を感ぜずにはいられないではないか。

【「他山の石」一九四一年（昭和十六）八月二十日】

そして、新聞界を追われた筆禍事件さえ、孤高の言論戦の糧になっていると書き記した。

本誌はほとんど毎号、行政処分に附されている。だが、これがために損害を蒙るものは、私一人のみであって、他に損害を及ぼさない。私が軍部に圧迫されて信濃毎日を退社すべく余儀なくされた当時に与えられた教訓は、今、全くここに実現されつつある。ここに想い及ぶとき、はかないながらも、淡いながらも、私は一種愉快の念を禁じ得ないのである。

【「他山の石」一九三六年（昭和十一）六月五日】

桐生悠々　その強さの淵源

悠々のこの強さはどこから生まれたのか。

作家の井出孫六さんは次のように分析する。

「個人の意見を守っていくことが桐生悠々の気質であり、我々への要求としてもそういう気持ちを持っていたのではないか。そして、リベラリズムが抵抗と裏腹の形になるんじゃないですか。例えば社会主義者にはこういう二面性は出てこないんじゃないか。むしろ転向しちゃうみたいなことはあるけど。リベラリズムには両面があって、潜り抜けていくみたいな。この人はまさに潜り抜けていっている気がします」

「他山の石」に連載した自伝「思い出るまま」によれば、悠々は下野《しもつけ》新聞を退社後、一時期「明義」という雑誌の記者として糊口をしのいでいた。その際、編集長・滝本誠一氏の蔵書に触れ、主に社会科学分野の洋書を耽読したという。そして、イギリス人マロックのアリストクラシーに関する著作に最も共鳴したと次のように振り返っている。

私は社会主義者であるけれども、徹底的の社会主義者ではなく、マルキストのいうところ「社会改良家」位の範疇《はんちゅう》に属するものであり、又私は民主主義者であるけれども、それも徹底的の民主主義者ではなく、言いかえれば、アメリカ風のそれではなくて、イギリス風のそれであり、貴族的民主主義者である。だから組織よりも人を重しとするものである。こうした中途半端な気分は、私が「明義」に関係していたときに培われたものであろう。

アリストクラシーを貴族主義と訳すれば、直に門閥が予想されるけれども、マロック一派の主唱するアリストクラシーは「傑族主義」と訳すべきものであろう。すぐれたものが社会を、団体でリードする主義、それがイギリス風のアリストクラシーである。これでなければ、社会は進歩しない。

これまでも見てきたが、悠々は自らを「侍の子」「士族」と表現することがあった。年譜を顧みれば、生まれるわずか五年前まで彼は武士という支配層の子弟だったのだ。「傑族主義」という言葉に示されるように、自らの言論で社会をリードするという強い自負心が彼の支えになっていたのではないか。私は今回の取材を通してそう思った。

しかし、悠々が検閲に孤軍抗い続けた一方で、大手の雑誌は抵抗できなかったのだろうか。荻野さんは経営規模の違いを指摘する。

「桐生の『他山の石』にしても、弁護士・正木ひろしの『近きより』にしても、会員制の個人雑誌です。商業雑誌とは違って、自分が経済的に負担すれば何回かは耐えられます。しかし、商業雑誌の場合は莫大な製作費用がかかってくるので、発禁処分が二度、三度と続けば命取りになる。自分たちの抑制も働き、戦争を批判する視点はどんどん弱められていきました」

それでも軍部や内務省は総合雑誌の『改造』や『中央公論』に自由主義的な残滓《ざんし》を感じ取っていた。そこで起こったのが戦時下最大の言論弾圧事件と呼ばれる「横浜事件」だ。

一九四二年（昭和十七）、『改造』の八月号と九月号に政治学者・細川《ほそかわ》嘉六《かろく》の論文「世界史の動向と日本」が掲載された。植民地政策の在り方を論じた内容だったが、軍部が「共産主義の宣伝だ」と噛みついたのだ。

「細川の論文は検閲を通りました。ぎりぎりの抵抗を書いたわけですけど、内務省の検閲は通過した。ところが雑誌が刊行されてから陸軍情報部が「これはけしからん」と内務省に働きかけて検挙したんです」

特高警察は細川と『改造』『中央公論』の編集者らが同席した集合写真を持ち出し、日本共産党再結成の謀議を図っていたとでっち上げた。関係者六十人以上を治安維持法違反で逮捕し、四人が神奈川県特高の拷問で獄死した。

事件の狙いを荻野さんはこう分析する。

「横浜事件の結果、『改造』も『中央公論』も廃刊に追い込まれました。軍部や内務省にとって総合雑誌は目障りだった。雑誌の背後にいて自由主義の空気をかろうじて吸っていた読者とのつながりを、完全に断ち切る意図があったと考えられます」

民衆の責任を問う

一方、桐生悠々は個人雑誌「他山の石」を拠り所に、戦時独裁体制へ突き進む日本社会に警告を発し続けていた。

我日本ほど数々の天佑に恵まれた国は、世界にない。就中《なかんづく》、日本は地理学的に最もこれに恵まれている。

日清及び日露の両戦争も、国内において戦われたのではなくて、いずれも外国領土において戦われたのであった。世界戦争に参加したときも、またそうであった。若しもこれが国内で戦われたならば私たちはどれだけ悲惨なる経験をなめるべく余儀なくされたであろうか。かくして、私たちは戦争があれば、必ずこれに勝つものと考えている。その結果として、私たちは寧ろ戦争を奨励すらもしている。

日本は余りに地理学的の天佑に馴れ過ぎている。国民が、これに馴れ過ぎているのみならず、政府当局も、また、これに馴れ過ぎている。私たちはここに日支事変の一周年を迎うるに際して、彼等の一大猛省を促さざるを得ない。

【「他山の石」一九三八年（昭和十三）七月二十日】

近衛公は枢府《すうふ》の椅子を捨てて、いよいよ新党の結成に乗り出した。

だが、この新党が結成されれば、我日本国もここに一国一党国の仲間入りをしたものといわねばならない。……一国一党政治は勢い独裁主義となり、拙速を尊ぶ点においては持って来いであるけれども、巧遅を選ぶ場合には、往々にして失敗する危険がある。そして少数心ある者の言が反国家的の言として抑圧される。

人動《やや》もすれば往々にして言う、下から盛り上がった政党でなければ、又国民に基礎を置いた政党でなければいけないという。だが、一億国民の大部分はいうところの愚衆である。

まず国民をして再教育せよ。

【「他山の石」一九四〇年（昭和十五）七月五日】

国民を「愚衆」と呼び、その再教育を求める論調は、五・一五事件、二・二六事件で国民の責任を問うたスタンスと同じだ。荻野さんも当時の民衆の責任に触れる。

「一九三〇年代後半以降の反戦、反軍の抵抗の核は自由主義であったり、民主主義であったりしました。桐生悠々は「個」の形で、個人の形で、抵抗の核を持ち続けた人だと思います。だから、戦前の抵抗者は、私は一パーセントにも満たなかったと見ています。九九パーセントは、太平洋戦争の時点ではみんな熱狂するわけですよね。九九パーセントの国民は戦争を支持し、協力したと思います。便乗組や渋々の人もいたでしょうが、みんな有頂天になっていた時代です」

軍部と政府と国民とに直言を続けた悠々。その真意は国のため、人類のためだと彼は宣言している。現代のジャーナリズム界でもしばしば参照される一九三六年（昭和十一）の論評記事「言いたい事と言わねばならない事と」だ。やや長文になるが引用したい。

人動《やや》もすれば、私を以て、言いたいことを言うから、結局、幸福だとする。だが、私は、この場合、言いたい事と、言わねばならない事とを区別しなければならないと思う。

私は言いたいことを言っているのではない。徒《いたずら》に言いたいことを言って、快を貪《むさぼ》っているのではない。言わねばならないことを、国民として、特に、この非常に際して、しかも国家の将来に対して、真正なる愛国者の一人として、同時に人類として言わねばならないことを言っているのだ。

言いたいことを、出放題に言っていれば、愉快に相違《そうい》ない。だが、言わねばならないことを言うのは、愉快ではなくて、苦痛である。何ぜなら、言いたいことを言うのは、権利の行使であるに反して、言わねばならないことを言うのは、義務の履行だからである。尤も義務を履行したという自意識は愉快であるに相違ないが、この愉快は消極的の愉快であって、普通の愉快さではない。

しかも、この義務の履行は、多くの場合、犠牲を伴う。少くとも、損害を招く。現に私は防空演習について言わねばならないことを言って、軍部のために、私の生活権を奪われた。

私が防空演習について、言わねばならないことを言ったという証拠は、海軍々人がこれを裏書《うらがき》している。海軍々人は、その当時においてすら、地方の講演会、現に長野県の或《ある》地方の講演会において、私と同様の意見を発表している。何ぜなら、陸軍の防空演習は、海軍の飛行機を無視しているからだ。敵の飛行機をして帝都の上空に出現せしむるのは、海軍の飛行機が無力なることを示唆するものだからである。

防空演習を非議《ひぎ》したために、私が軍部から生活権を奪われたのは、単に、この非議ばかりが原因ではなかったろう。私は信濃毎日において、度々軍人を恐れざる政治家出《い》でよと言い、又、五・一五事件及び大阪のゴーストップ事件に

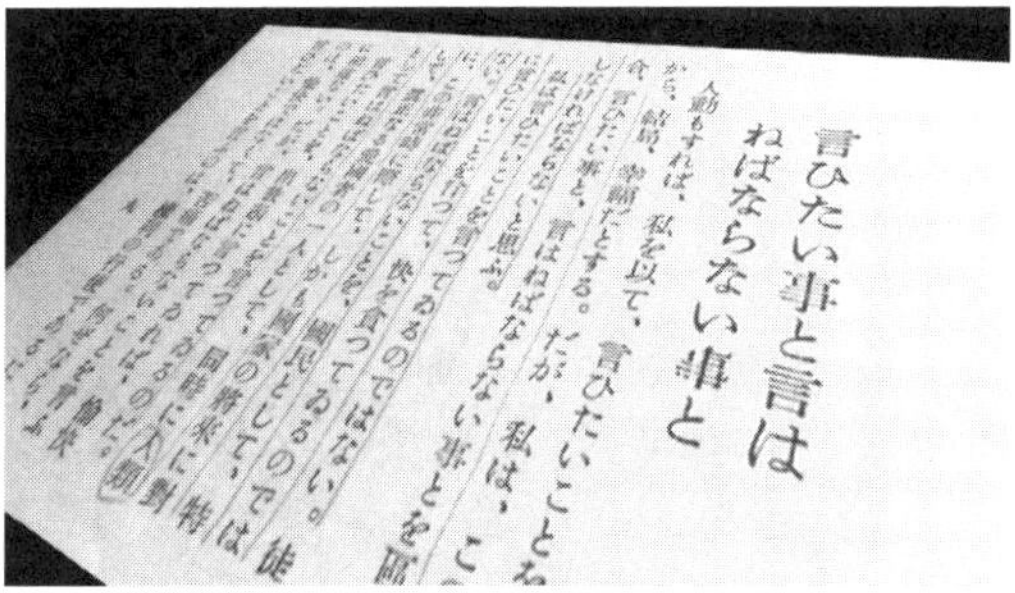

言いたい事と言わねばならない事と
（他山の石　金沢ふるさと偉人館　所蔵）

関しても、立憲治下《ちか》の国民として言わねばならないことを言ったために、重ね重ね彼等の怒りを買ったためであろう。安全第一主義で暮らす現代人には、余計のことではあるけれども、立憲治下の国民としては、私の言ったことは、言いたいことではなくて、言わねばならないことであった。そして、これがために、私は終《つい》に、私の生活権を奪われたのであった。決して愉快なこと、幸福なことではない。

【「他山の石」一九三六年（昭和十一）六月五日】

畜生道の地球に決別を告げる

一九四一年（昭和十六）一月。桐生悠々は「慢性の咽喉カタル」と診断される。ヨーロッパでは一九三九年（昭和十四）に第二次世界大戦が勃発。日中戦争からすでに四年が経過し、軍部はアメリカとの無謀な戦争に進もうとしていた。

検閲とがん。二つの敵を前に、悠々の文章は叫びのような力を帯びていく。

当初軍部及び政府当局の態度から察したところによれば、鎧袖一触《がいしゅういっしょく》、彼は忽《たちまち》にして我軍門に降《こう》を容《い》れるだろうとされたにも拘《かかわ》らず、四年の寧ろ長年月《ちょうねんげつ》を経たる今日、今尚《いまなお》彼の降服を見ず余端《よぜん》を保ちながらも生残して、最終の勝利に一縷《いちる》の望《のぞみ》を繋《つな》ぎつつあり、しかも我は唯《ただ》空襲戦を以てこれを脅かしつつあるのみであって、何時《いつ》勝利の月桂冠《げっけいかん》をいただき得るかは、何人《なんぴと》もこれを保証し得ない。私たちは想うて、ここに至り、そして、この戦争第四年の春を迎うるに際して、今更ながら事をしてここに至らしめたのは、果して何人の責任であるか、を問わざるを得ない。

冀《こいねが》わくば過去の死骨をして葬らしめよ。事ここに至った以上は、寧ろ死活の問題である。国民も自粛自戒すると同時に、軍部及び政府当局もその重大なる責任を知って、速やかに日支事件を終局せしめよ。これを終局するに、渾身《こんしん》の勇《ゆう》を鼓《こ》して邁進せよ。これを終局せしめないで、さらにアメリカと事を構うるのは無謀の極である。

強いことばかりを言い、強いことばかりを行うのが臣道の実践ではなく、弱かるべきときには弱く、硬軟能《よ》く調整し得て帝国の威信を失墜せざる底の外交を行い、そしてこれによって聖戦の目的を達し、依って以て宸襟《しんきん》を安《やす》んじ奉《たてまつ》る、これが即ち政府当局としての臣道の実践である。

【「他山の石」一九四一年（昭和十六）一月五日】

クレオパトラの鼻がもし少し高かったならば、世界の歴史は一変したであろう、といわれるほど歴史は偶然的なものである。盧溝橋《ろこうきょう》事件はサラエボ事件と同様に、第二の世界戦争を惹起《じゃっき》せしめた。避ければ避け得べかったにも拘らず、偶々《たまたま》無謀のものが、これによって惹起されるだろうところの事件が如何に重大であるかを知らざるものが、敢《あえ》てした行動によって、第一の世界戦争も、第二の世界戦争も起こったのだ。

歴史は必然的に今日の如く進行しなければならなかったものではない。局に当たったものが賢明であって、周囲の事情に左右されず、毅然として、また牢乎《ろうこ》として抜くべからざる信念を以て、これに臨んだならば、歴史は今日の如く、しかく不幸に書かれなかっただろう。

偶々局に当っていたものが、無智だった為《ため》支那の事情を知らなかった為、支那は単に支那のみではなく、又東洋としての支那のみではなく、世界の支那、特に英米の利害関係等が輻湊《ふくそう》している支那であることを知らなかった為、終《つい》に今日の不幸なる状態を惹起せしむるに至ったのである。

【「他山の石」一九四一年（昭和十六）三月二十日】

よその国で戦争をしているから、みんなが浮いた浮いたなのだ。どこの国の飛行機でもよい。一機飛んで来て、東京の空で、一発ズドンとやってくれれば皆が目ざめるだろう。

【「他山の石」一九四一年（昭和十六）四月五日】

最終に、ソ聯もまた戦争に捲《ま》きこまれた。これで名実共《とも》に「第二の世界戦争」となった。そしてそれは記者自身に関する限り、願わしいことである。何ぜなら、ソ聯だけが居残って戦争しなければ「第三の世界戦争」が久しからずして、また戦われる可能性があるからだ。

戦局をしてもっと拡大せしめよ。そして戦争の期間をして、もっと長からしめよ。然《しか》るとき、各民族、各国家はへとへととなり、こうしていては共倒れとなるだろうことを、自覚するだろう。この自覚が必要だ。

こうなる以前において、私たちはこの種の愚を演ぜざらしむるべく、陰に、陽に、警告しようとしていたが、○○○○○○○○○○これを許さなかった。今後も尚一時《なおいっとき》は許さないだろう。さすれば、私たちの行くべきところはもう決まっている。

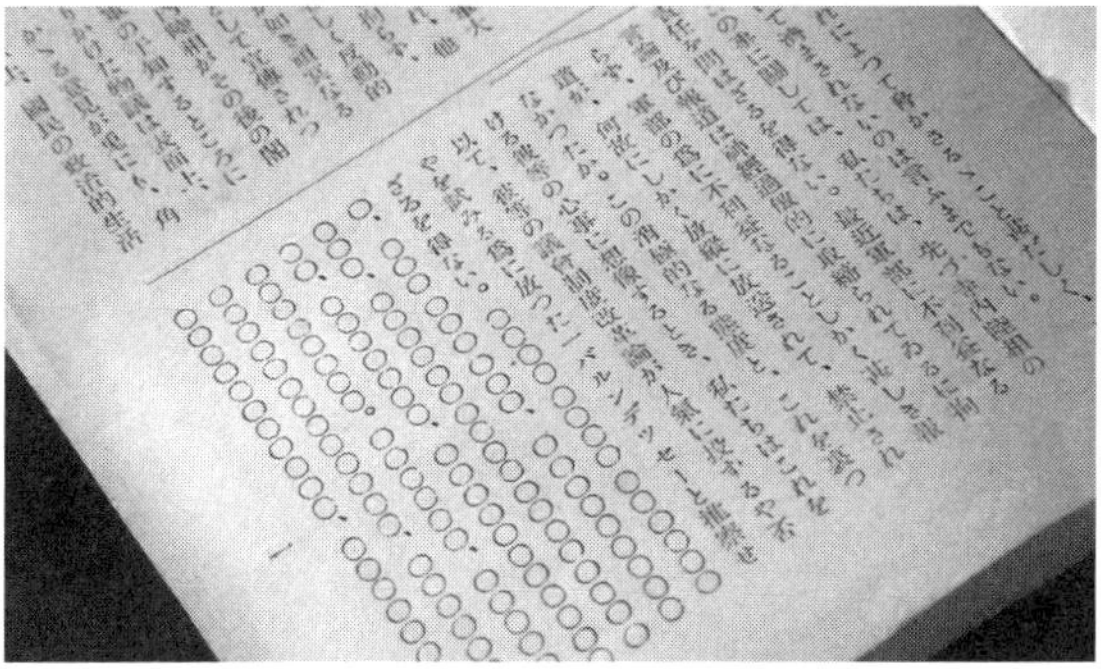

愛知県特高課の検閲による「伏せ字」
（他山の石　金沢ふるさと偉人館　所蔵）

そうだ、私たちの行くべきところはもう決まっている。

【「他山の石」一九四一年（昭和十六）七月二十日】

「他山の石」は一九四一年（昭和十六）九月五日発行が最終号になった。それまでの雑誌形式からタブロイド判の新聞形式にスタイルを変えた。『抵抗の新聞人　桐生悠々』の中で井出孫六さんは、この紙面変更を次のように描いている。

八月五日号の「他山の石」が差し押さえられるや、彼はただちにそれを埋め合わせるため、次号の編集にとりかかるのだが、八年つづけてきた雑誌の形式を拭いすてて、タブロイド判ながら六ページの「新聞」に姿を変えて、「他山の石」が発行されたとき、新聞人桐生悠々は信毎退社以来じつに八年ぶりに、その故郷ともいうべき「新聞記者」に立ち戻ったのだ。誰よりも驚いたのは、検閲当局であったにちがいない。巻頭には「本誌の一革新」として今後もなお、事前検閲を経ることなく出しつづける決意が述べられていたからである。

「新聞記者」に立ち返った悠々が最後に執筆した論評記事のタイトルは「科学的新聞記者」だった。

現在の枢軸国家及び民主主義国家に於ける新聞を見るに、いずれもその民族又は国家の特殊性に自己陶酔的になる、離れ離れの御託《ごたく》を述べているに過ぎず、世界的なる、又人類全体の安寧《あんねい》幸福に関する一般的の抱負をこれから聞くことを得ない。事実を事実として報告しないほどだから、文明の雰囲気を語らんとするものは、一人もいない。特に我国の新聞記者に至っては、科学的知識に全然無智である為か、神秘主義に終始して、国難を救わんとしている。

われ等《ら》は固《もと》より日に新《あらた》にして、日に日に又新ならんとしつつある今日の社会に於て、素朴なる昔時《せきじ》の新聞記者たらんことを欲せず、又それが許されないことを知る。だが、その「無冠の帝王」説を回顧するときは、記者自身大なる誇《ほこり》を感ぜざるを得ない。ヴィクトル・ユーゴの「剣筆を殺さずんば、筆剣を殺さん」といった語に、若い血を躍らせる。かかる時代は再現しないだろうけれども、昔恋しさの感に堪えない。降《くだ》って「社会の反射鏡」説に至り、新聞はここに一の技術となったけれども、この機能を保存すればわれ等は尚《なお》新聞記者を尊重する。だが、この頃の新聞に至っては、徹底的でなければ成るべく多く社会を反射せしめず、というよりも、全然社会を無視して、時の政府の反射鏡たらんとしている。与論を代表せずして、政府の提灯《ちょうちん》を持っているだけである。そして彼等は矛盾極まる統制の名の下に、これを彼等の職域奉公と心得ている。
今日の新聞は全然その存在理由を失いつつある。試みに街頭に出て、民衆の言うところを聞け。彼等は殆《ほとん》ど挙げて今日の新聞紙を無用視しつつあるではないか。（未発行の最後の論説「科学的新聞記者」）

新聞が「社会の木鐸《ぼくたく》」と呼ばれ、記者は自らを「無冠の帝王」と任じていた時代を誇りとする新聞人が、人生の最後に「新聞紙は無用」と断じなければならなかった心中を慮ると暗澹たる思いがする。そして、この九月五日号もやはり発禁処分となり、幻の最終号になった。

処分を知った悠々は「他山の石」会員へあてた「廃刊の辞」を認《したた》めた。

小生「他山の石」を発行して以来茲《ここ》に八個年超民族的超国家的に全人類の康福《こうふく》を祈願して筆を執り孤軍奮闘又悪戦苦闘を重ねつつ今日に到候《いたりしそうろう》が最近に及び政府当局は本誌を国家総動員法の邪魔物として取扱い相成《あいな》るべくは本誌の廃刊を希望致居候故《いたしおりそうろうゆえ》小生は今回断然これを廃刊することに決定致候《いたしそうろう》小生の痼疾《こしつ》咽喉カタル非常に悪化し、やがてこの世を去らねばならぬ危機に到達致居候故《いたしおりそうろうゆえ》小生は寧ろ喜んでこの超畜生道《ちょうちくしょうどう》に堕落しつつある地球の表面より消え失せることを歓迎致居候《いたしおりそうろう》も唯《ただ》小生が理想したる戦後の一大軍粛を見ることな

くして早くもこの世を去ることは如何にも残念至極に御座候《ござそうろう》
妻・寿々によると、死の直前、夫婦でこんな会話を交わしたという。

悠々「今まで家なんて忘れていた。ワシみたいに気ままな男はいない」
寿々「自分のやりたいことをやって、さいならじゃひどい」
悠々「これから夫婦になる。もう働けんから、みんなで食わせてくれ」
寿々「みんなできる子ばかりやから、あんた一人食わせるくらい何でもない。ただ、家庭を顧みない冷たい男やったな」
悠々「これから夫婦になりましょう」

畜生道の地球に決別を告げる「廃刊の辞」が会員に届いた直後の一九四一年（昭和十六）九月十日、悠々は苦難と抵抗に満ちた六十八年の生涯を閉じた。
そして、愛知県特高課は、この「廃刊の辞」すらも「政府の政策を歪曲誹謗した」として、九月十二日に発禁処分に附したのだった。

名古屋の片隅で反骨の新聞人がこの世を去った五日後、東京の「都新聞」（現在の東京新聞）紙上で或る長編小説の打ち切りが発表された。悠々の盟友、徳田秋声の「縮図」だ。

「縮図」はその年六月に連載が始まり、秋声の最高傑作と評されていた。しかし、連載開始当初から、内閣情報局による表現への干渉が続いていた。花柳界の芸者の半生を描くテーマ自体が時局に合わないとして、ちょっとした形容詞一つにも赤字で訂正指示が入った原稿が返されてきたという。

連載から三カ月経った九月十五日、秋声は第八十回で「縮図」を打ち切ると紙面で告げた。前日、秋声は「もう、いよいよこれでは書き続けられない。もう書くのを止める」と息子へ書き置きを残していたという。悠々がこの世を去った直後に秋声もまた戦争という巨大な歯車の前に筆を絶たれたのだ。二年後、秋声は七十一歳で永眠した。

悠々が亡くなり、秋声が筆を絶った一九四一年、日本ポリドール（当時）から一枚のレコードが発売された。タイトルは「爆弾位《ぐらい》は手で受けよ」。

ひとつとや　日ごとに高まる波の音
太平洋に危機迫る

用意はできたか合点か
いざとゆう時ゃ体当たり　ソレ！
爆弾ぐらいは　手で受けよ

いつつとや　いくさに空襲つきものだ
せくな　さわぐな　家焼くな
防火の訓練おこたるな
いざとゆう時ゃ体当たり　ソレ！
爆弾ぐらいは　手で受けよ

（藤田まさと作詞、江口夜詩作曲）

悠々が世を去ってから三カ月後、彼が無謀の極みと訴えた日米戦争が開戦。「関東防空大演習を嗤《わら》う」で予見した通り、東京の木造家屋を焦土たらしめて、日本は敗北した。

第五章　あのころの「未来」

父・悠々の面影

桐生悠々の死後、残された家族はどう生きたのか。二〇一七年（平成二十九）七月、私は親族の取材を始めた。

最初に訪ねたのは孫の桐生浩三《きりゅうこうぞう》さん（七十五歳）だった。戦後七十年にあたる二〇一五年（平成二十七）に金沢市の「金沢ふるさと偉人館」に悠々の遺品や資料を寄贈したのが浩三さんだった。

浩三さんは東京・練馬区でアパート経営をしながら一人で暮らしていた。取材当日は炎天下にもかかわらず、自転車で最寄りのJRの駅まで迎えに来てくれた。

浩三さんの父、浪男《なみお》さんは悠々の長男だ。悠々の友人から学資援助を受けて東京帝国大学へ進学した。弁護士資格を取得して保険会社に就職し、家計を支えたという。

浩三さんによると、浪男さんは家庭人としての父・悠々については、複雑な思いを懐《いだ》いていたようだ。

「自分はやるべきことをやっているが、家庭に迷惑をかけているという意識が、長男なもんですから、母親に対する思うところがありまして……」

それでも、晩年、酒に酔うと父・悠々の業績を評価していたという。

「うちの父もすごい呑兵衛《のんべえ》で、そういう時、悠々がどうのこうのとかね、評価することは言っていましたね。あいう形で憤死って言うんですか、憤って死ぬというか、世間から認められないで死んだので可哀相に思ったとは言っていましたね。そういう感情はあったんですかね、親子ですから」

悠々の死後、日本は太平洋戦争に突入。残された家族、

悠々の孫・桐生浩三さん

特に妻の寿々に対しては、食料品の配給拒否や、窃盗の濡れ衣など、近所の住民から嫌がらせもあったようだ。再び寿々の回顧談から紹介する。

「うどん屋のおかみさんが「桐生さんの奥さんじゃないか、うどんまだ残っているからあげましょう」と言ったら、うどん屋のじいさんが「やらん」と。「お父さん、桐生さんの奥さんじゃないか。なぜそんな意地の悪いことする?」「桐生だからやらんのじゃわい」と、駅のそばのうどん屋のじいさんが。うどんの一杯くらいもらえんでも死にゃせんで……」

「配給の世話するじいさんがおって、上前をはねた分を私になすりつける。「はばかりながら、これでも子どもの親ですよ、こんな沢山の人の前で、配給を盗んでいくと言われちゃ。言い直してくれ」と言い返したら、みんなシーンとして……」

桐生悠々の妻・寿々（原文哉氏　提供）

悠々が晩年を過ごした名古屋市守山《もりやま》には今、五男・昭男《あきお》さんの家族が暮らしている。

二〇一七年（平成二十九）十月、昭男さんの長女・塩見郁子《しおみいくこ》さん（五十九歳。旧姓桐生）を訪ねた。ちょうど従妹の栂弘美《とがひろみ》さん（八十四歳）も顔を出してくれて、挨拶もそこそこ、桐生家の思い出話が始まった。

栂さん「私の母は悠々の長女・須磨で、父が亡くなって守山へ戻ったんです。小学校一年生の時ですかね、一年間悠々さんと暮らしました。書斎は八畳の大きな部屋で、煙草をしょっちゅう吸って、お尻から煙が出るんじゃないかというくらい煙草吸いながら考えているんですよ。

母は長女なので子どものころは桐生家の家計状態も良くてお嬢様として過ごしてますけど、あなたの時は非国民じゃないけど、いじめられるころの悠々さんでしたね」

塩見さん「非国民、ですね……」

栂さん「私の母は「桐生先生、桐生先生」と呼ばれる良い時代でしたから、良いことしか知りません」

塩見さん「三男の知男さんは軍隊へ行っているんですけど、悠々の息子というだけで、理由もなく、何も言わずに殴られたというのは聞いています」

十一人も子どもがいれば、悠々の浮き沈みの時期によって、育った環境も父親への印象も違うのだろう。五男・昭男さんが生まれたのは一九二七年（昭和二）。六歳の時に悠々は信濃毎日新聞を退職した。

昭男さんは生活苦の中「他山の石」で抵抗を続ける晩年の悠々を間近に見て育ったと塩見さんは話す。

「時代が右傾化して、周りから人がどんどん離れていった時期、悠々さんが孤立していったころに父は小学生で。父はよく書斎に入ったと言ってましたよ、悠々さんの書いている所に。何か書いているので父も畳に腹ばいになって同じようにものを書くんですって。悠々さんが「昭ちゃんは何になるんだ?」って聞いたら、「俺は兵隊さんになる」と言ったらしくて。そしたら悠々さんが「そうか、怖いな〜」と。「そんなものは!」とも言わない。ニコニコした父だったと聞いたことはあります」

昭男さんは一九九九年（平成十一）に七十二歳で他界した。死後、郁子さんは昭男さんの机の中から二冊の大学ノートを見つけた。そこには信濃毎日新聞主筆当時の父、悠々との思い出や筆禍事件で名古屋に転居した際の一家の様子などが克明に描かれていた。「口下手でしたが、記憶力だけは素晴らしくて、悠々との思い出を残しておきたかったのかな」と塩見さん。

例えば、悠々は信毎主筆として酒席に呼ばれると大酒を飲み、帰宅しないこともあったらしく、妻の寿々が幼い昭男さんをわざと宴席に同行させ、悠々が深酒しないよう一計を案じていたこと。信毎退職後も長野に留まっていた悠々が縁日で信毎幹部に出くわした際、相手が「まだいらっしゃったんですね」と驚いた表情を見せたのに激怒し、寿々に急いで荷物をまとめさせ、夜汽車で長野を発ったことなど、桐生一家の様子が克明に描かれている。

その中に、普段は優しかった悠々に一度だけ厳しく叱られた出来事も記されていた。場所は名古屋市守山の自宅近くを流れる矢田川《やだがわ》だった。郁子さんに「現場」を案内してもらった。

「この川を挟んで、向こうに「半島人」と言われていた朝鮮から来た方の飯場というか掘っ立て小屋があって、そこの子どもたちとやり合って。石が飛んだり、手製の弓を作って飛ばしたとかね、書いてあります」

悠々はわざわざ河原まで出向いて意気揚々と引き上げる私の首根っこを押さえて引きずるように家へ連れて帰り、私の頭を何度も小突いたものだった。

「あの朝鮮の子どもはとても気の毒な人たちの子どもなんだよ。親たちは好き好んで日本へ来たんじゃないんだよ。朝鮮の土地や家を取られて仕方がなしに日本へ来たんだ。もし、お前が朝鮮の子どもだったらどうする」

悠々はこんなことを言って、私をひどく叱ったことが記憶に残っている。（桐生昭男さんの手記）

「無謀な戦争だってことは言ってますもんね。その中で、犠牲になっている人、弱い人に対する目は、ちゃんとおありだったんだろうとは思いますね」と塩見さんは話す。

昭男さんは戦後、悠々がかつて主筆を務めた新愛知新聞の流れを汲む中日新聞社へ就職。長年、校閲記者として働いた。そして、娘の郁子さんも、名古屋市の中部日本放送（CBC）でアナウンサーの道に進んだ。

「父は新聞記者で、おじいさんは神様のような存在だったし、マスコミに行きたいなと思っていました。ものを書くことが好きだったので。で、放送局のアナウンサーに

悠々の孫・塩見郁子さん

なってしまったんです。

ニュースを書いている人が信州の人で、私がまだぺーぺーのころに「この漢字は？」って聞いたら、「あなたは桐生って言うんでしょ？　僕の郷里に桐生悠々という素晴らしいジャーナリストがいて、あなた同じ苗字なんだから頑張りなさい」って言われて。「はい！」と答えたけど、桐生の孫とは言えなかったです」

祖父、父と同じメディアの世界に飛び込んだ孫。しかし、昭男さんは郁子さんに対し、祖父悠々のことは口にするなと忠告していたという。

「悠々の孫とか言うと思想的な引き合いがあるから気をつけろと父から言われましたよ。むしろノンポリで行けと。自分が苦労したんだと思います。今でこそ中日新聞は悠々の命日になると、悠々なら今何と言うか、と取り上げてくれますが、父が入ったころにはまだそれほど知られていないし、桐生悠々の息子ならば出世は諦めろと言われたと話してましたよ。盾突くイメージしかなかったのかなと

桐生悠々と五男の昭男さん
（金沢ふるさと偉人館　所蔵）

後になって思うんですけど……」

孫にとびきり優しい好々爺

桐生悠々の孫にはもう一人メディアの世界へ進んだ人がいる。二女・紫《むらさき》さんの息子で元NHKディレクターの原文哉《はらふみや》さん（八十五歳）だ。二〇一七年（平成二十九）十一月、東京都世田谷区の自宅を訪ねて話を聞いた。

原さんは一九三二年（昭和七）、愛知県で生まれた。幼いころ、悠々の家の近所に住んでいたため、前出の栂弘美さん同様、生前の悠々と直接触れ合った一人だ。

「私はあの人をジャーナリストだなんて思ってなくて、農家のおじいさんと思ってましたよ。小学三年生の時亡くなったんです。おじいさんの所へよく遊びに行ったんですけど、農民だと思っていました。農作業ばかりやってましたから。アンゴラウサギをいっぱい飼ってて、その毛を売ってました。こっちは小学校の低学年ですから、遊びに行くと可愛くてね。座敷にいっぱい連れてきて遊ばせてくれるんですよ。庭も広くて作物も変わってて、オクラも初めておじいさんに食べさせてもらいましたよ」

生活のために農作業や釣りに明け暮れ、個人雑誌で時代に抗う祖父。一方で孫にはとびきり優しい好々爺《こうこうや》だった。原さんが誇らしげに振り返る。

「あんなに苦しい生活をしている時代にね、孫の私をとても大事にして下さいましてね。まだ学校へ入る前の話ですけど、おじいさんが家に砂場を作ってくれたんです。家のそばに矢田川が流れておりまして、馬車で砂を運んできてくれて、立派な砂場を作ってくれました。それと、こいのぼりを立てるポール、スギの木をね、信州から取り寄せて、家の庭に立ててくれました。毎年毎年それが立つ。町の中で一番立派なこいのぼりなんですわ。終わると納屋に入れて、翌年また立てる。私の一番の思い出です」

一九四一年（昭和十六）十二月八日、日米

農作業や釣りで生計を立てていたころの悠々
（金沢ふるさと偉人館　所蔵）

開戦の日を原さんは今も覚えている。

「うちのおふくろは『他山の石』を読んでいて戦争が間近だと知っていました。大東亜戦争が始まった日の朝ね、「文哉、大変なことが始まった」って。真っ青な顔してね、硬直してましたよ、おふくろは。これはひどいことが起こったなと、よく覚えています」

原さんは大学を卒業後、就職難のためアルバイトをして過ごしていたが、たまたまNHKが臨時職員を募集したのを知った母の紫さんに「受けてみない？」と促され、試験を受けたところ合格したという。一九五八年（昭和三十三）のことだ。

「おふくろが「やっぱり同じ道に行ったわね」と言ってましたがね、こっちはなりたくてなったのではなく、たまたまそれしかなかったから」

悠々の孫・原文哉さん

以後、原さんは「こんにちは奥さん」「奥さんごいっしょに」「女性手帳」の番組担当者として、家庭番組の第一人者として活躍したとNHKのホームページにある。番組制作を続ける中で、祖父悠々の存在はどんなものだったのだろうか。

「私の桐生悠々像は母親から伝わってきたものです。ことあるごとに言ってましたもの、「おじいさんだったらこうする」「おじいさんだったらどう考えるか」としょっちゅう言ってました。「立ち止まって考えろ、流されるな」とね。

私にとって祖父は灯台みたいな人でした。とても、とても及びもつかないけれど、迷ったときの灯台と思って生きてきました」

第二次安倍政権発足以降、政府への忖度《そんたく》報道が指摘されるNHK。OBとして、古巣をどう見ているのかを聞いた。

「今のNHK? それは言わせないでください。自分が今、あの中にいてどうなのかと考えると、まさに悠々さんと一緒ですよ。言わなきゃいけないこと言えないし。そうでしょう? 組織の中にいては……」

悠々は発禁処分となった「他山の石」最終号で「本誌の特色」と題して次のように書いている。

すべての人は、特に我《わが》旧体制政治家の多くは、現在に住みながら、そしてこの現在が刻一刻《こくいっこく》、現に未来に向って進みつつあるにも拘《かかわ》らず、過去を恋い慕う余り、時計の針を戻して、その過去の世界に住もうとあせっています。だが、私たちはこれと異なり、無論振り返って、過ぎ来りし方を眺めますけれども、多くは足下を照顧《しょうこ》しながら進み、特に遥《はる》かなたに横たわっている光明の彼岸を望みつつ進みたいと思うものであります。言いかえれば現在よりも寧ろ未来に於て住みたいと思うものであります。

【「他山の石」一九四一年（昭和十六）八月二十日】

歴史は繰り返すのか

「未来に住みたい」と言い残した悠々。かつて「未来」だった現在の世界は、祖父が夢見た「未来」なのか。

桐生浩三さんは現在のジャーナリズムには覚悟がないと指摘する。

「記者の皆さんはどれだけの認識を持って悠々さんのことを見ているのか。悠々さんの時代は何か言うと失職する恐れがあった。そういう覚悟で書いてほしい。今の時代でも失職くらい当然と考えてね。その覚悟がない。普段勉強が少ないんだと思いますね、時間も少ないしジャーナリストは。もっと、思想まで遡って自分を固めていないと、いざという時に戦えない。信念を形成するのは簡単なことではないですが、気持ちはあっても考えが身についていなければ、すぐ降参してしまうでしょうね」

父は新聞社、自らは放送局へ進んだ塩見郁子さんは情報過多の現代社会に危うさを感じている。

「悠々さんのころは情報が入らない時代ですよね。今はと言うと情報だらけ。本当なのか嘘なのかも分からないくらいの情報量の中で、どれをつかみ取っていくかが難しい時代で、ある意味、本当の情報が入ってこない。その辺りが悠々さんの時代と似ているかもしれませんね。真実がなかなか見出せない時代だから、悠々さんが生きていたら「もっとものを考えろ」と言うかな。何となく流されるのはダメだよと言うんじゃないかな」

そして、戦争の時代を知る原文哉さんは、時代への危機感を隠さない。

「残念ながら、歴史は繰り返すなあと思いますね。過去に学ぶということがいかに大事かと今ほど感じていることはないですね。

どんな世の中でもね、言わなきゃいけないことを言っている人はいるんですよ。その小さな声にも耳を傾けるセンスが必要なんです。声なき声を感じ取って正しい道へ一歩進むことが大事なんだけれども、やかましすぎて今そんな声を聞いている人はいないんじゃないか。それが残念です。

おじいさんが生きていたら何と言うでしょうかね。言わねばならないことが多すぎて、墓場の中でのたうち回っているんじゃないですか」

第六章　騙《だま》されてはいけない

中村敦夫氏、悠々の先見性に驚く

「私は言いたいことを言っているのではない。言わねばならないことを言っているのだ……」

桐生悠々が平成末のニッポンに蘇ったような感覚に身が引き締まった。

二〇一八年（平成三十）三月、東京都内の録音スタジオ。マイクの前で朗読しているのは俳優の中村敦夫《なかむらあつお》さん（七十八歳）だった。

私は、全国でミサイル避難国民訓練が実施されていた二〇一七年（平成二十九）七月から桐生悠々のドキュメンタリー制作を始めた。筆禍事件の舞台となった信濃毎日新聞社や近現代史の研究者、悠々の子孫を訪ね、過去と現代のつながりを探ってきた。と同時に、番組の核は悠々が残した言葉だと思っていた。信濃毎日新聞や新愛知新聞、そして「他山の石」に遺された論評記事、いわば悠々の「抵抗の記録」を現代への警鐘として世に伝えたいと考えたのだ。

朗読が大半を占める番組で誰に悠々の言葉に生命を吹き込んでもらうか。思案を始めたころ、新聞で目にしたのが、中村さんだった。原発問題を告発する一人語りの朗読劇を全国で上演しているという記事だった。

福島原発事故で国会前デモにまで盛り上がった脱原発の声も時が経つにつれて小さくなり、原発事故などなかったかのような空気が広がる中、中村さんの活動に気骨、反骨を感じた。

中村さんは「木枯し紋次郎《もんじろう》」で一世を風靡した名優だが、私にとっては硬派の報道キャスターという印象が強かった。調べてみると一九四〇年（昭和十五）生まれで、あの戦争の時代を知る最後の世代だ。しかも父親は新聞記者だったという。戦争と新聞記者。引き寄せられるように朗読をオファーし、快諾を得た。

およそ三時間の朗読収録後、スタジオの片隅で話を聞いた。まずは新聞記者だった父親の思い出から。

俳優・中村敦夫さん

「父親は最初、読売新聞の社会部の記者で、それと同時に文学志向で作家になりたかった人間なんですよ。東京も空襲されると考えて、一九四四年に疎開しました。で、半年後には東京は丸焼けになった。父は福島民報の支局長に転職しましたが、戦ったこともなかったろうし、ジャーナリズムとかを意気に感じてやってるところは、なかったですね」

父親に対しては厳しい評価を下す中村さんだが、当時の言論統制を考えれば、志の有無にかかわらず、ほとんどの記者は彼の父親と同じように生きていたと思う。

そして、福島県いわき市に疎開した中村少年はアメリカ軍の空襲にも遭遇した。

「わーっと来る時は空が真っ黒になるほどB29爆撃機や戦闘機が来るんですよ。ぼこぼこ爆弾を落としたり、機銃掃射の音がしたりする。それを見て一生懸命走って逃げた記憶はあります」

中村さんは二〇一六年（平成二十八）から朗読劇「線量計が鳴る　元・原発技師のモノローグ」を全国で上演している。福島で生まれ育ち、福島の原発で働き、福島の原発事故ですべてを失った元原発配管技師の男が主人公だ。

男「地震からまもなく大津波が東北、関東の沿岸を飲み込んだ。午後五時三十八分、NHK

テレビニュースは、福島第一の二基で、非常用ディーゼルが使用不能になったと報道した。非常用の発電機が使えなきゃ原子炉冷やせねえべ。やられた！　と思っだよ。とにかく逃げろ！　逃げるっかねえんだ！　オレは思わず双葉町の方向さ向いで、独りで叫んだよ」

俳優から報道キャスターに転じ、その後、参議院議員も務めた中村さん。七十代になり、出家して静かな余生を考えていた二〇一一年（平成二十三）三月、東日本大震災が起きた。戦時中に疎開し戦後も小中学校時代を過ごしたいわき市も地震で大きな被害を受けた。

二〇一八年（平成三十）一月、宮城県大河原町《おおがわらまち》での公演前、中村さんは控室で震災当時の思いを語った。

「私にとって原発爆発事故は戦争と同じくらい大変なことだったんです。その時、自分はもう何もできないが、表現者としてどうしたらいいかと考えた。やはり演劇の出身ですから原点に戻ってメッセージを伝えていく演劇を書けないかと」

構想に三年かけて書き上げたのは、元原発技師の男が原発の構造的な危険性や隠蔽《いんぺい》体質、利権の構図を告発する一人語りだった。しかし、演じてくれる役者は見つからず、原発事故に関する報道も年々減っていく。

「芸能界もマスコミ界も、原発へのスタンスをはっきりさせると仕事がしづらくなることがあって、ジャーナリズムの側も忖度《そんたく》していく。そうしないと何となく仕事がしづらいとか、やりにくいというムードがある。情報も事故後の十分の一になった。新聞記事を全部スクラップしてきたから分かります」

戦争と原発事故。被害の拡大を招いた背景には情報の隠蔽がある。「情報が閉ざされると人間は正しい判断ができず行動を誤る。今はまさにそういう状況だ」と中村さんは指摘する。劇中の主人公にも次のように語らせる。

男「老いぼれじじいになって大したことはできねえ。でも毎日あっちこっちで線量測ってんのは公式発表が信じられねえからだよ。奴らは除染した場所にコンクリート張りめぐらして、えらい高いところに線量計モニター設置しまくってる。そんな所、風が吹き抜けて放射能溜まるわけねえべよ。役所の情報は第二次大戦中の大本営発表と同じでペテンばっかしだ。国もマスコミもオリンピックを目くらましに使って、原発事故をなかったことにしようと企んでんじゃねえか？　んでも、オレは絶対に騙《だま》されねえど」

「線量計が鳴る」の初演は二〇一六年（平成二十八）十一月。以来、全国から上演依頼が相次ぎ、二〇一九年（平成三十一）三月までに六十回を超えた。朗読劇の後半、主人公の男が感情を高ぶらせる場面がある。国策にしがみつき、翻弄される「日本人」の在り方を厳しく問うセリフだ。

男「二〇一七年の春、あっちこっちで避難指示が解除されて、飯舘《いいたて》村へ帰る人もちらほら出てきたんだ。大人が覚悟して戻るんなら仕方ねえべ。んでもな、若い者や子どもだけは絶対道連れにしちゃなんねよ。オレ？　オレは帰んねえ。もうたっぷり被曝させていただいたから、今更放射能が怖いわけじゃねんだよ。ただよ、国の言いなりで、右向けって言われたら右向く、左って言われたら左、死ねって言ったら死ぬ、金さえもらえば何でも言うこと聞く、オレはもうそんな日本人にはなりたくねえんだよ」

自らを「表現者」と語る中村さん。改めて、桐生悠々の先見性に驚くという。

「彼が警告していることは、まさに今ね、びしびしと現代社会に当てはまるようなことを言ってるんですよ。要するに、全然人類社会は進歩していないじゃないか。桐生悠々は未来、未来と言っているけど、未来は今ですよ」

今、この国は国民を「敵」と「味方」に選別し、「治安」のために「自由」を規制し、情報を隠蔽している。「忖度」が流行語になり、「不協和音を恐れるな」とアイドルグループが若者を励ます時代。これが、悠々が夢みた「未来」の現実だ。

特に首相が北朝鮮のミサイル実験をやり玉に挙げ、群衆の前で「国難」と煽る光景は、悠々が抗った昭和の時代と二重写しに見える。

人間は他の動物なみに概《がい》して、安心せしめられるよりも、おどかされ易《やす》い動物である。特に群衆心理が手伝った場合には、常軌を逸して、狂態をすら演ずる。一犬虚《いっけんきょ》に吼《ほ》えて、万《ばん》犬実《けんじつ》を伝《つた》うというのが群衆心理の帰趨《きすう》であり、狡猾《こうかつ》なる政治家はこの群衆心理を利用して、自家《じか》の利益に資する。ムッソリーニ、ヒットラー、スターリンも見様《みよう》によっては、皆そうである。我国にもこの範疇に属するものがないでもない。国民は心して、そうも容易におどかされてはならない。昔から戦争論を唱うるものが、強者であり、愛国者であった。だが実際は、平和論を唱うるものが、強者であり、愛国者であるのだ。戦争せずして、国を維持するものと、戦争して、国を維持するものといずれが強者であり、愛国者であるかは、群衆心理を脱して個人心理に戻り、変態心理を免れて正常心理に帰ったものから見れば、問わずして明《あきらか》なることである。

【「他山の石」一九三七年（昭和十二）七月五日】

命日にミサイル訓練を問う

長野市の信濃毎日新聞社。六階の論説委員室では九人の論説委員が交代で毎日の社説を執筆している。

論説主幹を務める丸山貢一さんのデスクは入り口から入って左手にある。長野市内の山並みが一望できる大窓を背にパソコンに向かう。

二〇一七年（平成二十九）八月の北朝鮮によるミサイル発射を受けて、丸山さんは一本の社説を掲載した。見出しは「非常時が染み込む日常」だった。

8月29日早朝。発射されたミサイルは北海道襟裳岬上空を通過し太平洋上に落下した。発射4分後、Ｊアラートが作動し、長野など12道県に「国民保護に関する情報」を発信。頑丈な建物や地下への避難を呼び掛けた。

テレビは一斉に「国民保護に関する情報」に切り替わった。落下判明後も過去の発射映像を繰り返し放映し、画面はミサイル報道一色に染まった。

カメラの前に立った首相は「わが国に発射」と発言している。日本が標的になったかの物言いを問いただす記者はいなかった。

政府の情報を垂れ流すだけならば国民は考える間を持てない。不安や恐怖が一層あおられる。

ミサイル発射の翌30日。石川県輪島市で避難訓練が行われた。小学生は教室の机の下に身をかがめて頭を守り、保育園児は防空頭巾をかぶって窓から離れた場所に待機した。戦前、戦中の防空演習を思い起こさせる光景だった。

地方では頑丈な建物や地下が身近に少ない。着弾地周辺では頭を守って身をかがめても無意味ではないか。そんな素朴な疑問も「国民の生命と安全を守る」との大義名分に封じ込められてしまう。

社説の日付は二〇一七年九月十日。「九月十日」は桐生悠々の命日だ。「別に桐生悠々を意識したわけではありませんけども」。一瞬、微苦笑を浮かべた丸山さんは、すぐに表情を引き締め、社説の意図を説明した。

「およそ非現実的なミサイルの国民訓練をすることの意味はどこにあるのか。やはり今、非常時という心理を国民の間に染み通らせたいという、何か意図があるのではないか。穿った見方かもしれませんが、最近の秘密保護法とか共謀罪とか一連の流れから見た場合です」

実は信濃毎日新聞には過去にもう一つ忘れてはならない歴史があると丸山さんは教えてくれた。「信毎学芸グループ事件」というねつ造事件だ。

「一九四一年十二月八日に日本軍がハワイを奇襲攻撃して太平洋戦争が始まる。その翌朝、特高警察が信毎の学芸欄を担当していた記者や農村雑記の常連投稿者ら十三人を治安維持法違反で検挙しました。警察は「信毎学芸グループ事件」と呼んで、左翼分子が学芸欄を利用して左翼活動を広めていったとでっち上げるわけです。上山田温泉で開いた投稿者とデスクの宴会の写真をもとに左翼運動で共謀していたと。横浜事件とよく似た構造です。検挙された学芸担当の記者は

信濃毎日新聞　丸山貢一論説主幹

一年以上拘束された上、猶予判決を受けますが、結局警察の圧力で信毎を辞めざるを得ませんでした。

そして戦後は中学校の先生になりますが心を病んでしまい、最後は自ら命を絶ちました。これは戦争が終わって二十五年後のことです。

記者として時代と社会に対して問題意識を持ったがゆえに、戦い、傷ついて敗れてしまった。桐生悠々みたいに歴史の表舞台に立つことはありませんでしたけど、命を絶った先輩の存在を私は忘れません」

丸山さんは、最後にジャーナリズムの使命を端的に語った。

「私が論説主幹になる前、中馬清福《ちゅうまきよふく》という方が二〇一四年(平成二十六)三月まで主筆をされていたんですが、中馬さんの遺言として胸に刻んでいるのは、「新聞は時代の空気に何度も合わせてきた過去がある。我々は桐生悠々を神棚に祭り上げるのではなく、命を懸けて貫いたジャーナリズム、そういう覚悟を若い記者に問いたい」という言葉です。

戦争というのは個人の尊厳を根こそぎ奪ってしまうものですよね。新聞の役割を言ってしまえば、つまるところ、公権力をしっかり監視して、戦争に至る前に、いわば有事の歯車が回り出す前に兆候を捉えて、一つ一つ市民に警鐘を鳴らすことが大事なんじゃないかと思っています」

北朝鮮のミサイル問題を「国難」とまで煽り立て、全国で国民避難訓練を繰り広げた安倍政権。しかし、二〇一八年（平成三十）に入り事態は急展開する。四月二十七日には北朝鮮の金正恩《キムジョンウン》朝鮮労働党委員長が初めて板門店の軍事境界線を越えて韓国の文在寅《ムンジェイン》大統領と南北首脳会談に臨み、朝鮮半島の完全非核化を宣言した。

また六月十二日にはアメリカのトランプ大統領と金委員長の史上初の米朝首脳会談も実現。緊張緩和を世界にアピールしたのだ。

信濃毎日新聞の丸山論説主幹が「およそ非現実的」と指摘したミサイル避難訓練は、二〇一八年（平成三十）六月、朝鮮半島外交という冷徹な「現実」の前に、中止を余儀なくされたのだった。

第七章 「反骨」の系譜

「東京新聞、望月です」政権と対峙《たいじ》する覚悟

東京都千代田区永田町の首相官邸。平日の午前と午後の二回、官房長官の定例会見が開かれる。二〇一七年（平成二十九）六月、この官房長官会見に一人の記者が出席するようになった。東京新聞社会部の望月衣塑子《もちづきいそこ》記者だ。当時、森友・加計学園問題で安倍政権への批判が高まっていた。望月記者が菅義偉官房長官に質問を畳みかける姿はネットやテレビで注目を集めた。例えば、森友学園との国有地取引をめぐる決裁文書を財務省が改ざんしていた問題では以下のようなやりとりがあった。

望月記者「東京新聞、望月です。森友ですが、一部報道では麻生大臣が財務省職員の処分後も続投すると出ております。公文書改ざんは歴史のねつ造に等しく、民主主義の根

幹を揺るがす行為だという指摘もありますが、政府として麻生大臣に辞任を含めて責任を求めていく考えはないでしょうか」

菅官房長官「今まで申し上げた通りであります。麻生大臣は来週取りまとめる指示をすると会見をされていますので、よくお聞きをいただきたいと思います」（二〇一八年六月一日）

望月記者「森友学園の問題で昨年二月二十二日、菅さんが佐川氏（筆者注・当時の佐川宣寿理財局長）らとやりとりした際の記録がないと国会答弁されていますが、二度官邸に呼び出し、昭恵さんの秘書の紹介について報告するという非常に重要なやりとりだったと思うんですが、その際のメモが手控えも含めてまったくないとしたら問題ではないかと思うんですが」

菅官房長官「この場は、政府の見解について記者会見で申し上げる場であります。あなたの要求をお受けするような場ではない」

望月記者「手控えメモがないことは、昨年森友・加計問題で非常に批判を受けていたので、個人的な質問ではなく、やはり国民にとって重要だと思ったので聞いております」

（二〇一八年六月二十二日）

望月記者が所属する「東京新聞」は桐生悠々が大正時代に在籍した「新愛知新聞」の流れを汲む中日新聞社が発行している。

なぜ彼女は問い続けるのか。二〇一八年（平成三十）八月、東京都内で望月記者（四十三歳）に話を聞いた。まずは官房長官会見に出席するようになった経緯から。

「今の政府に対しては武器輸出を決定したころから気にはなっていました。武器輸出を解禁していいのかなと。で、森友・加計学園の問題が弾けて、その後、元文科事務次官の前川喜平《まえかわきへい》さんを取材してとんでもないことになっているると。元事務次官とはいえ、政権を告発するって前代未聞ですよね。やはり国の行政の在り方が歪められているのかな、と。そこに伊藤詩織《いとうしおり》さんの準強姦罪の告発事件で逮捕令状が執行されなかった問題が明らかになって、これは本当に許せなかった。相手は安倍総理に食い込んでいるTBSの記者だという。これは安倍さんに突きつけないといけないと思いました。

加計学園の獣医学部設置も総理の「ご意向」、森友学園の国有地売却も昭恵《あきえ》夫人との関係が問題でしたし、本当は安倍さんのぶら下がり会見に行きたかったんですけど、番記者しか参加できないし、聞けても一問、二問がせいぜいらしい。となると、実質ナンバー2の菅さんなのかなと。怒りとかおかしいと思うことをぶつけなきゃという気持ちで会見に行きました」

官房長官会見に参加しているのはほとんどが内閣記者会という記者クラブに加盟する新聞・テレビの政治部記者だ。社会部記者として以前から違和感を覚えていたという。

「なぜ聞くべきことを聞かないのか。このモリカケフィーバーの時に、官邸では動画を見ると「関係ない」「問題ない」と言われるとしーんとなっている。質問も二回ぐらいで終わっちゃってる。そんな二回で終わるような類いの疑惑の域を超えてるよねと。生々しい文書がどんどん出てきて。

政治部の記者というのは政治家に、権力を持つ政治家に食い込んでナンボではかられているから、その中でいかに気に入られるかで競っている人だと権力を批判的に見るなんて視点はおよそ持てない。でも、本来政治部の記者はまっとうな政治をしてもらうために日々是々非々で政治家に相対するべきなんです。安倍一強という絶大な権力を前に臆病になっていると、結果として国民にすごくマイナスだと思う」

望月記者と菅官房長官の質疑は今やネット上の重要コンテンツと言ってもよいほど注目され、賛否で盛り上がる。菅官房長官の回答はにべもないものがほとんどだが、それでも質問する意味はあると考えている。

「私は社会部の記者ですから本来は部外者だけど、手を挙げれば菅さんは指してくれるわけです。安倍さんとは違って、嫌でも顔を背けながらでも当ててくれる。ぶっきら棒だけど答える。「問題ない」とかきちんとした答えでなくても、こちらが伝えたいメッセージはきっと彼には伝わっているんだろうと思う。それなら、やっぱり聞き続けなきゃいけない。官邸に入れる記者が声を上げなかったら、官邸前で叫んでいる人たちの声を誰が伝えることができるのか。逃げている場合じゃないと思います」

ものが言えない空気が急速に広がったと言われる。二〇一八年（平成三十）四月には防衛省の現職自衛官が公道で国会議員を「国民の敵だ」と面罵する前代未聞の不祥事が発覚した。司法に目をやれば、アメリカ軍の辺野古新基地建設に反対する沖縄平和運動センター山城博治《やましろひろじ》議長や、安倍首相夫妻への批判を口にしていた森友学園の籠池泰典《かごいけやすのり》前理事長らは逮捕後、不当とも言える長期勾留を強いられた。さかのぼって二〇一五年（平成二十七）四月には、ニュース番組のコメンテーターが政権批判の不規則発言をしたとして政権与党がテレビ局幹部を呼び出し、同年六月の自民党若手議員の勉強会では広告料を減らしてメディアを潰すという暴言も飛び出している。

異論を排除し、言論を統制しようという光景は桐生悠々が生きた戦争の時代と重なって見える。

「天に口なし、人を以て言わしむ」は実に万古不易《ばんこふえき》の真理である。言論は言論を以て正すべきである。「権力的に」これを統制しては、人を以て言わしむる天の声はおのずから為政者の耳には入らない。為政者は神にあらざる限り、如何に聡明なるものと雖《いえど》も、誤なきを期し難《がた》い。その誤を正すものは、天の声、即ち国民の声であらねばならない。近代的体制において、「平和か」「戦争か」を決定するものは、戦時に総動員を必要とする国民であらねばならない。政府を作るものは国民であって、政府が国民を作るものではないからである。

【「他山の石」一九四〇年（昭和十五）九月二十日】

言わねばならないことを言い続けた先人、桐生悠々を、望月記者はどう見ているのか。

「あの時代に比べたら、まだ全然マシだと思うし、それでも戦い続けた彼の気概に比べたら、私なんて本当に甘っちょろいと思う。バッシングを受けたり、あの会見の場では孤独だったりしますけど、外に出ればネット上でおかしいんじゃないかと思っている人がたくさんいるし、外で講演すると「キツイと思うけど頑張って」という声もあって救われます。

北朝鮮の情勢もあるし、安倍さんなる人が首相の座にいて、ある程度の支持率を維持している中で、「いつ戦争が起こるか分からない」という勢力が声を大にしている時代。五、六年前と比べて政府と社会の空気が変わり、メディア統制が強くなっていると日々思いますけど、それに抗いたい市民がいるのが私の支えになっています」

「戦争をやめさせた反戦運動はない」とは二〇一六年（平成二十八）に百一歳で亡くなったジャーナリストむのたけじ氏の言葉だ。

戦争は悲惨だ、兵士はかわいそうだ、あれは許せない罪悪だ、ということを百万回大声でしゃべったって、戦争をやろうとしている連中には、痛くもかゆくもないわけです。戦争が始まってから反戦平和運動をやったところで、戦争の論理とエネルギーに引きずられてしまう。戦争をなくすには、戦争をする必要をなくして、戦争をやれない仕組みをつくらなければだめです。

東京新聞　望月衣塑子記者

いったん始まってしまったら、戦争は自分で歩き出してしまうので、誰も止められなくなる。けれども、どんな戦争にも必ず準備段階があります。

ジャーナリズムが戦争をやめさせるにはこの準備段階で法や制度と闘いながら、戦争計画をあばくしかない。いま、われわれの政府はこういう戦争を計画しているが、それを黙って見ていていいのか、と告発しなければいけない」

（むのたけじ、黒岩比佐子著『戦争絶滅へ、人間復活へ』岩波新書）

今では菅官房長官との対決ばかりが注目される望月さんだが、二〇一四年（平成二十六）に安倍政権が武器輸出の原則禁止を緩和し「防衛装備移転三原則」を閣議決定したことを受け、企業や大学研究の問題点をえぐり出した『武器輸出と日本企業』（角川新書）という労作もある。

七十三年前の教訓を生かすとすれば、戦争を未然に防ぐということが、「戦後」を引き継いできた現在のジャーナリズムの唯一最大の使命ではないのか。私は望月記者にそう問いかけた。

「戦争をしない、戦争を防ぐのが使命だとすべての記者が思っていれば、全然今のような報道にはならないと思う。

根本的に自分は何のためにいるのか、原点を常に問い直す作業をしないと、何か日々のルーティンに追われて、菅さんを怒らせないような質問をしていたところで、別に戦争に加担するわけじゃないしと、たぶんみんな緩い意識だと思うんですけど。

でも私たちメディアが第二次大戦でやってしまった最大の過ちは大政翼賛会的な報道を繰り返して市民を戦争へ先導していったことです。その歴史が大前提にあることを認識しなきゃいけないし、もう一度、今私たちは何をすべきかを問い直さないといけないと思う。

戦前と一緒で軍備拡大を進めれば、私たちの社会教育福祉を削るしかない。国民の生活を、北朝鮮が怖いから中国が仕掛けてくるかもしれないからって、防衛費をGDP二パーセントでやっていくことが私たち国民の生活を本当に豊かにするのかと問いたい」

二〇一八年（平成三十）十二月、首相官邸の上村秀紀報道室長名の文書が官邸記者クラブ「内閣記者会」に出された。望月記者の質問に事実誤認があるとして「事実に基づかない質問は厳に慎むようお願いしてきた。記者の度重なる問題行為は深刻なものと捉えており、問題意識の共有をお願いしたい」とあった。

これに対し、内閣記者会は「記者の質問を制限することはできない」とつっぱねた。東京新聞も二〇一九年（平成三十一）二月に三回にわたる検証記事を掲載。臼田信行編集局長が次のように反論した。

取材は、記者がそれまでに知った情報を会見などで確認していく行為です。正しい情報を基に質問することが必要ですが、不正確な情報で問いただす場合もあり得ます。そんな時でも取材相手がその場で修正したり否定したりすれば済む話で、一般的には珍しくありません。権力が認めた「事実」。それに基づく質問でなければ受け付けないというのなら、すでに取材規制です。

短い質問の途中で事務方が何度も質問をせかし、終了を促すのも看過できません。記者会見はだれのためにあるのか。権力者のためでもなければメディアのためでもなく、それは国民のためにあります。記者会見は民主主義の根幹である国民の「知る権利」に応えるための重要な機会です。

だからこそ、権力が記者の質問を妨げたり規制したりすることなどあってはならない。私たちは、これまで同様、可能な限り事実に基づいて質問と取材を続けていきます。（東京新聞二〇一九年二月二十日）

記者を孤立させず、新聞社として権力と対峙する。組織を追われ個として抗うしかなかったかつての主筆・桐生悠々の教訓は生きていると感じた。

令和への警鐘　子孫が引き継ぐ思い

二〇一八年（平成三十）三月二十四日夕刻。愛知県名古屋市名東区の「ピースあいち」で、名古屋空襲から七十三年の犠牲者追悼法要が営まれた。敷地に建てられている平和地蔵の前には桐生悠々の孫、塩見郁子さんの姿もあった。

総務省の記録によるとアメリカ軍による名古屋への空襲は太平洋戦争の間、実に六十三回を数え、死者七八五八人、負傷者一万三七八人にも及んだ。特に一九四五年（昭和二十）三月十九日の名古屋大空襲ではおよそ四万戸に被害が出て、八二六人もが亡くなったという。

この日、「戦争の時代を見つめて」と題して地元の朗読サークル「緑風の会」が戦争体験者の手記を朗読した。元アナウンサーの塩見さんもメンバーの一人で、湯川れい子さんの手記「兄の残してくれたもの」を読み上げた。

防空壕を掘り終えて陸軍の軍服に着替えた兄は私を抱き上げると、夕暮れの空に瞬き始めた一番星を指さして「あれが兄ちゃまだからね、覚えていてね」。それが兄から聞いた最後の言葉になりました。

「緑風の会」は年に六十回以上朗読会を開いている。塩見さんが参加したのは二〇一二年（平成二十四）。活動を始めたきっかけは戦争体験者の減少だった。

「やっぱり実際に戦争を体験した方がどんどん亡くなって、語り部のような方も弱っていかれて、当時の思い出を話す人がいない時代になっています。まだ私たちの親の世代は戦争を体験していて私たちは言っていることがすごく分かったんですけど、自分たちの子ども、孫の世代まで伝えようと思うとやっぱりうまく伝えられない。その場合、戦争を経験した方の手記などを読むことによって、悲しさとか思いを正確に伝えていきたいなと思って、朗読という形で語り部のたすきを渡す形になるかなと思って始めました。

国の体制や思想、宗教というものを越えたところに親子の情愛とか共通な思いがあるんじゃないかな。それをあぶり出すような朗読は今の人の胸も打つと思うので続けていきたいと思います」

国のミサイル避難訓練以降、祖父・悠々に注目が集まり、取材の依頼も増えた。複雑な思いもあるが、祖父が生きた時代を学ぶ必要も感じている。

「従兄《いとこ》とも話すんです。「悠々さんの取材が盛んになっていろいろ聞かれるっていうのは世の中が危なくなってきたんだろうね」って。さすがに私も「知らないんです」とは言っていられない感じになってきました。

悠々さんが『他山の石』で戦った晩年の八年間、どれだけつらい思いをしたのか。削除、発売禁止、最後は発行禁止という憂き目にあった。周りから人が離れていって、私の父も極貧の中でほぼ非国民扱いですよね。そんな時代をちゃんと学ばないといけない。

メンバーともよく話すんですが、時代背景を知っているのと知らないのとでは全然朗読の説得力というのかな、重みや深みが違ってくると思うし、調べた上で読むことが私たちの使命なんだろうと思っています」

桐生悠々のドキュメンタリー制作も大詰めを迎えていた二〇一八年（平成三十）三月のある夜。石川県金沢市の北陸朝日放送制作サブにあるモニター画面にその人の姿が映し出された。原文次郎《はらぶんじろう》さん（五十四歳）。前出の原文哉さんの長男で、桐生悠々のひ孫にあたる。

原さんは当時、日本のNGOのイスラエル駐在職員としてパレスチナの難民支援活動に従事していた。日本とイスラエルは直線距離で九千キロ、時差は六時間ある。

安息日で休日だという金曜日に時間をもらい、インターネットの中継回線を使って話を聞いた。なぜ海外でＮＧＯ活動に携わっているのか。

「大学を出て十七年間はメーカーの国際営業を担当していました。もともと外の世界に関心が強かったんです。世界にはお金を持っていて豊かに暮らしている人がいる一方で、そうではない人々もいる。不平等、矛盾を感じ、自分はどちらの立ち位置を取るべきかと考えていました。そこへ二〇〇一年（平成十三）九月にアメリカ同時多発テロが起きます。アフガニスタンから難民として日本へ保護を求めて来た人たちがいたので、仕事の傍ら支援ボランティアを始めたのがきっかけです」

原さんは会社を辞め、二〇〇三年（平成十五）にＮＧＯ「日本国際ボランティアセンター」のスタッフになった。イラクで子どものための医療支援活動に取り組んだほか、パキスタンやパレスチナなど紛争地で支援活動を続けてきた。

大手メーカーの社員からＮＧＯの海外スタッフに。その生き方に曽祖父、悠々の影響はあったのだろうか。

「父が悠々さんの家に行ったという昔話は聞いていましたが、悠々さんの業績や考え方などは本を読んで知りました。自分の生き方の指針というか、その一つの要素ではありましたが、私は私の生き方の中でこうなっちゃったので、悠々さんのような道を辿《たど》りたいという思いとはちょっと違います」

こう話す原さんだが、日本ではミサイル避難訓練が各地で実施され、曽祖父悠々の「関東防空大演習を嗤う」に再び注目が集まった。民族対立が続く中東に長く滞在する原さんの眼に日本政府の対応はどう映ったのか。

「パレスチナも紛争地の中でたまにミサイルが飛ぶこともあります。日本を見ると、ミサイル発射後にアラートが鳴って訓練していますが、現実的ではないという認識です。ミサイルが飛んでからどうするという訓練をするよりも、飛ばされない状況を作る方が平和を考えた場合、より現実的だと私は思います」

原さんは、NGO職員として紛争地で働く自分の役割を、悠々と重ねて語る。

「なぜ日本人の私がここにいるのかを考えた場合、現地の人を助けるためにいるんですが、もう一つ、日本の人に世界の状況を理解してもらう、世界と日本のつなぎ役として私たちはここにいるんです。もう少し世界をよく見てほしいという思いが常にある。

今の政治状況を見ても内向きというんでしょうか、日本の中で日本の自画像を正確に把握できていないのではないかと思います。悠々さんになぞらえて言えば、彼は書いた記事が評価されていますが、もう一つは『他山の石』で海外の事情を翻訳で紹介していた点があります。私が今やっていることがそれにあたるかどうか、そんな大したものではないと思いますけど、海外の正確な状況を知って日本の正確な自画像を描いていく作業は悠々さんの時代も今の時代も変わらず必要だと思います」

原さんは二〇一九年（平成三十一）三月から山形市に本部のあるNGOの職員としてイラクに赴任。クルド自治区のアルビル県で小中学校の校舎の補修や教員の研修にあたっている。また、二〇一四年から三年間IS（通称イスラム国）の支配地域だったニナワ県では、小学校のプレハブ教室設置を進め、爆発物の回避教育や衛生教育も支援している。民族対立、貧困、戦争……。悠々の時代に抱えていた問題は今も積み残されたままだ。それでも原さんは市民一人一人の力を信じている。

「悠々さんは戦争へ向かう時代の中で最後は畜生道の地球という言葉を使って、地に堕ちた世界から自分は別の世界へ行くんだみたいに言うわけですが、今現在かなりそれに近い状態にあるのではないかという懸念はあります。

戦争といえば、私がいる中東でも戦争は政治のトップが引き起こす。一般市民は引きずられる被害者でもあり、戦争になれば加害者になってしまいますが、戦争になりそうだという警告をつかんで、それを止める力も市民の中には絶対あると思う。

世界は平和ではありません。曽祖父の時代に抱えていた問題を今も解決できずに自分の世代まで抱えている。もしかしたら次の世代まで持ち越すことになるのかもしれない。それでは悠々さんに対して申し訳ないですし、悠々さんを引っ張り出さずに、早く我々の問題として我々が解決できるようにしなければならないと思っています」

一九四一年（昭和十六）八月、悠々が死の直前に発行し、検

桐生悠々のひ孫・原文次郎さん（イスラエルで　本人提供）

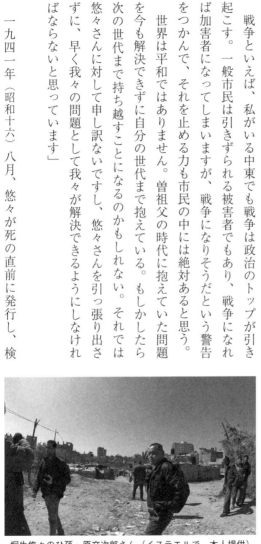

閲で発禁処分になった「他山の石」最終号。悠々は最終ページの末尾に「本誌の特色」と題する編集後記を掲載した。

人は誰でも、一国家、一民族の構成員である限り、彼の心理作用はその従属国家又は民族の伝統によって左右されます。これが自然であります。だが、この伝統は動《やや》もすれば、往々にして、また殆《ほとん》ど常に世界の平和、人類の幸福を阻止し、破壊すらもした。私たちはこの弊害、この一大弊害に顧みて、成るべく超国家的、超民族的でありたいと思います。そして世界の平和、人類の幸福に貢献したいと思います。

【「他山の石」一九四一年（昭和十六）八月二十日】

七十八年前、畜生道の地球に決別した曽祖父の思いは、今、日本から遠く離れた中東の地でひ孫に引き継がれている。

エピローグ――私とあなたの責任

東京都府中市の多磨霊園。新宿から西へ二十キロ、かつての武蔵野の面影を残す国内初の公園墓地だ。敷地面積は一二八ヘクタールで都立霊園の中でも最大規模だという。著名人の多くが眠る霊園としても知られていて、戦前戦中の軍人や政治家の墓碑銘も目に付く。

二〇一八年（平成三十）三月。私たち取材スタッフは撮影のため多磨霊園を訪ねた。正門から歩くことおよそ十分、霊園西側の一隅に桐生家の墓はあった。墓碑銘の先頭には桐生政次「悠々」と刻まれ、並んで妻の寿々さんや長男・浪男さんの名前もある。生前、ペンで戦った相手でもある軍人や政治家と同じ霊園に眠ることを悠々はどう思っているのだろうかなどと考えてもみた。

墓前には句碑が建てられている。

蟋蟀《こおろぎ》は鳴き続けたり嵐の夜

一九三五年（昭和十）二月五日号の「他山の石」に掲載した悠々の句で、戦後、長女・須磨の娘で書道家でもある孫の栂《とが》弘美（春泉）さんが揮毫《きごう》したものだ。

悠々が「嵐の夜」と表現した当時を振り返ってみると、一九三五年は治安維持法の施行からちょうど十年、満州事変から四年にあたる。国際連盟からの脱退が正式発効したのもこの年だ。

前年の一九三四年（昭和九）七月には後にでっち上げと判明し「検察ファッショ」と批判される帝人事件で斎藤実《まこと》内閣が総辞職し、岡田啓介内閣が発足した。十月には陸軍省新聞班が「国防の本義と其強化の提唱」と題する通称陸軍パンフレットを刊行。「たたかひは創造の父、文化の母である」と好戦的な語句で「高度国防国家」創設を訴えた。さらに十二月には政府が日・米・英・仏・伊の海軍主力艦と航空母艦の保有制限を定めるワシントン条約の破棄を通告。太平洋戦争へつながる軍艦建造競争に突入している。

悠々墓前の句碑（東京・多磨霊園）

一九三五年（昭和十）二月には前述した天皇機関説事件が持ち上がる。右翼言論人や政治家、在郷軍人会の圧力を受け、岡田首相は二度にわたり「国体明徴声明」を発表。「統治権が天皇に存せずして、天皇はこれを行使するための機関なりと為すが如きは、これ全く万邦無比なる我が国体の本義を愆《あやま》るものなり」と述べ、以後の日本では「国体」という二文字の前に言論の自由を含めたあらゆる「自由」は封殺されていった。

あれから八十年あまり。

安倍政権は治安維持法の再来と危惧された共謀罪法を「テロ等準備罪法」として強引に成立させた。司法の現場では「人質司法」と海外からも人権侵害が批判されてきた長期勾留の背後に政治的な意図が見え隠れしている。

自民党は自衛隊を「国防軍」とする改憲草案を発表。自民党総裁である安倍首相も現行の第九条に自衛隊の存在を明記する考えを示し、憲法改正が現実的な政治課題として浮上している。

隣国の韓国、中国とは歴史認識をめぐる対立にいまだ解決の見通しは立たず、ミサイル実験を「国難」と指弾した北朝鮮とは、南北首脳会談、米朝首脳会談が実現した一方で対話の糸口すらつかめていない。ロシアとの北方領土交渉もまったく先が見えない。東アジアで日本は孤立している。

森友学園問題で教育勅語に注目が集まった二〇一七年（平成二十九）三月、政府は「憲法や教育基本法に反しないような形で教材として用いることまで否定されることではない」という答弁書を閣議決定した。「一旦緩急あれば、義勇公に奉じ」我が国体、天皇のために命を捨てるというのが教育勅語の眼目であり、憲法の「個人の尊厳」とは相いれないはずだ。そして小学校では二〇一八年（平成三十）四月（中学校は翌年四月）から、これまで評価対象外だった「道徳の時間」が「特別の教科　道徳」と名を改め、評価対象の教科に格上げされた。評価項目には「伝統の継承」「愛国心」「生命の連続性」などが並ぶ。

歴史は繰り返すのか。

小樽商科大学名誉教授の荻野富士夫さんは時代への警戒感を口にしていた。

「時代が違うから、今は民主主義の時代だから、戦前戦中と比較するのは間違いであるという意見もありますが、今の民主主義は真の民主主義かというと、大きくかけ離れています。警察の対応の仕方一つ取ってみても、果たして公平中立なのか。沖縄の山城さんの事件もそうです。非常に恣意的に運用されているのを見ると、「時代が違う、民主主義だから」と言って楽観視する態度は、逆に現実をリアルに見ていないのだと思います。

何か突発的な出来事があって国益や権益を守るとなった場合、「この戦争は自衛の戦争である。国民の安全安心を守る戦争である」という政権の主張に対して、どこまで立ち止まって冷静に考えられるかというと、うーん、なかなか困難な時代になってきているんじゃないか。九九パーセントの我々国民は戦争を支持する、あるいは渋々ながら、消極的ながらも戦争という流れに乗っていってしまうんじゃないかと思います」

悠々にならえば、現在の日本は「嵐の前夜」ではないのか。もはや「戦後」ではなく、「戦前」だという見方もできる。

時を超えて鳴り響く悠々の警鐘に再び耳をふさぐとき、「嗤われる」のは、私であり、あなただ。

参考文献

井出孫六『抵抗の新聞人　桐生悠々』（岩波新書　一九八〇年）
太田雅夫『評伝　桐生悠々　戦時下抵抗のジャーナリスト』（不二出版　一九八七年）
太田雅夫編『新版　桐生悠々自伝』（新泉社　一九九一年）
判沢弘『土着の思想』（精選復刻　紀伊國屋新書　一九九四年）
桐生悠々『畜生道の地球』（中公文庫　一九八九年）
須崎愼一『日本ファシズムとその時代　天皇制・軍部・戦争・民衆』（大月書店　一九九八年）
藤井忠俊『在郷軍人会　良兵良民から赤紙・玉砕へ』（岩波書店　二〇〇九年）
「二・四事件」八〇周年記念集会実行委員会編『「二・四事件」八〇周年記念集会――記録――』（二〇一三年）
『他山の石』復刻版』（不二出版　一九八七年）
『出版警察報』復刻版』（不二出版　一九八二年）
信濃毎日新聞社編『百年の歩み――信濃毎日新聞』（信濃毎日新聞　一九七三年）
田中伸尚『大逆事件　死と生の群像』（岩波現代文庫　二〇一八年）
筒井清忠『戦前日本のポピュリズム　日米戦争への道』（中公新書　二〇一八年）
山崎雅弘『「天皇機関説」事件』（集英社新書　二〇一七年）
荻野富士夫『特高警察』（岩波新書　二〇一二年）
河原理子『戦争と検閲　石川達三を読み直す』（岩波新書　二〇一五年）
内田博文『治安維持法と共謀罪』（岩波新書　二〇一七年）

辻田真佐憲『空気の検閲　大日本帝国の表現規制』（光文社新書　二〇一八年）
室井康成『事大主義――日本・朝鮮・沖縄の「自虐と侮蔑」』（中公新書　二〇一九年）
前坂俊之『太平洋戦争と新聞』（講談社学術文庫　二〇〇七年）
鈴木健二『戦争と新聞　メディアはなぜ戦争を煽るのか』（ちくま文庫　二〇一五年）
半藤一利・保阪正康『そして、メディアは日本を戦争に導いた』（文春文庫　二〇一六年）
半藤一利・保阪正康『ナショナリズムの正体』（文春文庫　二〇一七年）
半藤一利・保阪正康『憲法を百年いかす』（筑摩書房　二〇一七年）
徳田秋聲『車掌夫婦の死・戦時風景』（徳田秋聲記念館文庫　二〇一〇年）
吉野孝雄『文学報国会の時代』（河出書房新社　二〇〇八年）
中村敦夫『朗読劇　線量計が鳴る　元・原発技師のモノローグ』（而立書房　二〇一八年）
望月衣塑子　マーティン・ファクラー『権力と新聞の大問題』（集英社新書　二〇一八年）
むのたけじ・黒岩比佐子『戦争絶滅へ、人間復活へ―九三歳・ジャーナリストの発言』（岩波新書　二〇〇八年）
『Ｊｏｕｒｎａｌｉｓｍ　ジャーナリズム　２０１５年３月号』（朝日新聞社　二〇一五年）

あとがき

私が桐生悠々を知ったのはちょうど三十年前の一九八九年。昭和天皇が亡くなり元号が昭和から平成に変わった年だった。当時は金沢大学の三年生。金沢市中心部の金沢城跡にあったキャンパスの学生生協書店で手に取った一冊の岩波新書、それが井出孫六さんの『抵抗の新聞人　桐生悠々』だった。

一読して、その反骨の人生に衝撃を受けた。新聞記者という仕事の重さ、凄みを知った。折しも能登半島の石川県珠洲市では、関西電力が珠洲原発の立地可能性調査に着手し、反対派の住民が市役所で四十日間の座り込みに突入。原発という国策に抗う市民の動向が気になり、大学図書館で毎日、新聞各紙を読むようになっていた。社会に眼が向き始め、自分も新聞記者として報道の仕事に携わりたいと思った。

新聞社への就職は適わなかったが、縁あって現在の北陸朝日放送で報道記者の道へ進むことができた。以来、いつか桐生悠々を番組にしたいと思っていた。実際、小泉政権でメディア規制三法の是非が問われた際の特別番組の一コーナーや戦後七十年のニュース企画で悠々の生涯を取り上げてはきた。しかし、限られた時間で彼の人生を語りつくすことはできなかった。

逆説的に言えば、安倍晋三首相には感謝しなくてはならない。彼がミサイル訓練を全国で繰り広げていなかったら、今回の悠々のドキュメンタリー番組は実現していなかったかもしれないから。

今回の番組は二〇一八年（平成三十）三月に「防空演習を『嗤った』男　新聞人・桐生悠々の警鐘」と題して六十分枠で深夜放送した。その後、視聴者の見やすい時間帯での放送を求める声もあり、満州事変前後の新聞論調の変化や現在のジャーナリズムの課題を追加し、同年八月二十日午後に八十五分の拡大版「言わねばならないこと　新聞人・桐生悠々の警鐘」を放送した。そして、幸運なことに第二作の「言わねばならないこと」が第一回「むのたけじ地域・民衆ジャーナリズム賞」の大賞に選出された。

むのたけじさん（本名武野武治）は、戦時中朝日新聞の記者だったが、敗戦を機に戦争報道の責任を感じて朝日新聞を退社。故郷の秋田県横手市で週刊新聞「たいまつ」を三十年にわたって発行し、地域の農業や暮らしの問題から日本全体、世界の出来事まで精力的に評論、報道した。そして、二〇一六年（平成二十八）に百一歳で亡くなるまで反戦の立場から言論活動を続けた。「むのたけじ賞」は地域に根ざして報道を続ける個人や団体を励まし、「むのたけじ精神」を広めようと、彼が晩年を過ごしたさいたま市の市民グループが二〇一八年（平成三十）に創設した賞だ。共同代表には落合恵子さん、鎌田慧《さとし》さん、轡田《くつわだ》隆史さん、佐高信《まこと》さん、鈴木邦男さん、永田浩三さんらが名前を連ねている。

「無冠の帝王」として名古屋の片隅で抵抗のペンを執り続けた桐生悠々のドキュメンタリー作品が、地域から世界を見つめたむのさんの賞に輝いたことに私は運命的なものを感じ、素直にうれしかった。

そのむのさんが生前、悠々について語った文章がある。

桐生悠々という明治・大正・昭和の三代を生きたジャーナリストの歩みを振り返ったとき、私の胸に突き上げてくるのは、「人は美談をつくるために生きているのではない」という思いですね。こうした受難の先人を、その死後に祭壇に祀って事蹟を美談化するのは、すでに日本の因習になっていますが、民衆にとってはなんの利益もない。

私がこんなことを言うのは、もちろん、悠々の生涯を低めたり、軽んじるためではありません。悠々の限界を見つめながら、戦時中の報道現場を覆いつくした自己規制の堕落をえぐらなければいけない、という思いがあるからです。個人でできたことが、なぜ集団でできなかったのか。それを、私たちは学ぶ必要がある。

【『戦争絶滅へ、人間復活へ――九三歳・ジャーナリストの発言』岩波新書】

実は同様の話を、私はむのさんから直接聞いたことがある。二〇一五年（平成二十七）六月二十七日、石川県加賀市で開かれた「戦争と人間と文化」というむのさんの講演会を取材した際、戦後七十年目のメディアと権力をどう見ているかを問うた時だ。

「権力が記者に直接の圧迫や干渉を加えて記事が変わったということはなかった。メディアの方がセルフコントロール、自己規制をやってね、みんな安全をはかるため、自分の方から、見ざる、言わざる、聞かざるになって、あの戦争を許した。その状況が今もなお根底からは改革されていないような気がする。新聞も放送も出版も民衆の側へ戻ること。新聞はしっかりと読者と腕を組むことね。もう一度、自分の姿を見つめ直すべきだと思う」

桐生悠々とむのたけじ。二人は組織をたのまず、「個」として反骨を貫いた。むのたけじ賞の授賞式で落合恵子さんが語った言葉が胸に刺さった。

「むのさんは、反骨のジャーナリストなんて言葉は変だ、ジャーナリストは反骨でなければならないと話していました。このことを私たちは今、社会に、ジャーナリズムそのものに、あるいは自らに問いかけなければならない時代を、残念ながら迎えてしまいました。

スタンド・アローン、一人立つ。そんな格好いいもんじゃないです。一人立つことは寒いことだし、心細いことだし、振り返ってみたら誰もいないことでもあるのですが、どこかに属していても、心は売らないという当たり前の精神を持ち続けることを大切にしたい」

今回の取材では多くの方々のご協力を得た。まず桐生悠々の孫である桐生浩三さんには悠々の妻・寿々さんから聞き取った貴重な回顧談テープを貸していただいた。同じく孫の原文哉さん、栂弘美さんからは悠々と触れ合った実体験を聞き、晩年の悠々の日常生活を垣間見ることができた。塩見郁子さんには父昭男さんが書き遺したノートをお借りし、猛暑の中、近所の矢田川へ案内してもらった。ひ孫の原文次郎さんにはイスラエルでの支援活動の映像提供をお願いし、臨場感のあるシーンを放送することができた。

信濃毎日新聞の丸山貢一論説主幹と鮎沢政文総務部長には快く社内撮影を許していただき、悠々の社説やコラムが掲載された過去の紙面も多数提供してもらった。また、東京新聞社会部の望月衣塑子記者には多忙の中時間を割いてもらい、政治部記者の実態などメディアの内幕を聞くことができた。

長野の在郷軍人会については神戸大学名誉教授の須崎愼一さんに、内務省・特高警察の検閲についてはは小樽商科大学名誉教授の荻野富士夫さんに詳しく解説していただいた。ジャーナリスト前坂俊之さんには満州事変前後で社説を転換した新聞の事情を教えてもらい、悠々が信毎を追われた当時のメディア環境を描くことができた。

番組の大半を占めた悠々の写真や「他山の石」は金沢ふるさと偉人館の所蔵。学芸員の増山仁さんには撮影や資料提供に加え、候文《そうろうぶん》の読み方まで指導してもらった。また、徳田秋聲記念館学芸員の薮田由梨さんにも秋声が悠々にふれた文章を多数紹介してもらい、今回の書籍化で大幅に加筆することができた。そのほか、石川近代文学館、国立国会図書館、金沢市立玉川図書館、金沢大学附属図書館、長野県立長野図書館、飯田市歴史研究所、飯田市中央図書館、神戸市立中央図書館、東京大空襲・戦災資料センター、朝日新聞社からも多くの資料をお借りした。

そして、悠々の論説を朗読してもらった俳優の中村敦夫さん。できるだけ多くの論説を紹介したいという私のわがままで長時間の収録になったが、快く付き合ってくださり、番組に生命を吹き込んでくれたことに感謝したい。

また内輪の話で恐縮だが、一年半にわたる長期取材に付き合ってくれたディレクターの谷口洸亮、カメラマンの川岸正浩、編集マンの牧田邦和にはお疲れさまでしたと言いたい。本業と執筆の両立が難しく、かつ映像と活字の違いに戸惑い、現代書館の菊地泰博社長、編集部の須藤岳さんには締め切りの延期をお願いするなどご迷惑をかけたが、熱心な助力をいただき深く感謝申し上げます。

本書の執筆中、元号が「平成」から「令和」に変わった。桐生悠々がペン一本で抗った「昭和」という時代は、同時代史から歴史に遠ざかったとも指摘されている。しかし、泥酔した国会議員が「北方領土は戦争で取り返すしかない」と暴論を吐き、徴用工訴訟に端を発した日韓両政府の対立は経済や軍事面にも波及している。また、名古屋市では「表現の不自由展」が、慰安婦を象徴する少女像に抗議や脅迫が相次いだことから、中止に追い込まれた。いずれも「昭和」の戦争と地続きの問題だ。

「令和」の時代に「昭和」の歴史とどう向き合うかが問われている。悠々の警鐘にこれからも耳を傾けたい。

二〇一九年九月十日　桐生悠々の命日に

北陸朝日放送　報道制作局次長

黒崎正己

黒崎正己（くろさき・まさき）
一九六八年石川県金沢市生まれ。北陸朝日放送入社後、報道記者として主に原発問題の取材を続ける。二〇一六年、ローカルニュースの戦後七十年シリーズを総括したドキュメンタリー番組「宿命と、忘却と～〝たった七十年前の戦争〟～」で民放連盟賞テレビ報道番組優秀賞を受賞。二〇一八年にディレクターとして制作した「言わねばならないこと―新聞人・桐生悠々の警鐘―」が、第1回「むのたけじ地域・民衆ジャーナリズム賞」大賞に選出された。現在、報道制作局次長兼報道制作部長。

新聞記者《しんぶんきしゃ》・桐生悠々《きりゅうゆうゆう》　忖度《そんたく》ニッポンを「嗤《わら》う」

二〇一九年十月五日　第一版第一刷発行

著　者　黒崎正己
発行者　菊地泰博
発行所　株式会社 現代書館
東京都千代田区飯田橋三-二-五
郵便番号　102-0072
電　話　03（3221）1321
ＦＡＸ　03（3262）5906
振　替　00120-3-83725
組　版　具羅夢
印刷所　平河工業社（本文）
東光印刷所（カバー）
製本所　積信堂
装　幀　大森裕二

校正協力・高梨恵一
 ISBN978-4-7684-5866-2
定価はカバーに表示してあります。乱丁・落丁本はおとりかえいたします。
http://www.gendaishokan.co.jp/

活字で利用できない方のための
テキストデータ請求券
『新聞記者・桐生悠々
忖度ニッポンを「嗤う」』